Berthold von Zwiefalten

Eine alte Genealogie der Welfen und des Mönchs von Weingarten

Geschichte der Welfen

Berthold von Zwiefalten

Eine alte Genealogie der Welfen und des Mönchs von Weingarten
Geschichte der Welfen

ISBN/EAN: 9783743323803

Hergestellt in Europa, USA, Kanada, Australien, Japan

Cover: Foto ©Thomas Meinert / pixelio.de

Manufactured and distributed by brebook publishing software (www.brebook.com)

Berthold von Zwiefalten

Eine alte Genealogie der Welfen und des Mönchs von Weingarten

Eine alte Genealogie der Welfen

und

des Mönchs von Weingarten

Geschichte der Welfen

mit den Fortsetzungen

und

einem Anhang aus Berthold von Zwiefalten

übersetzt

von

Georg Grandaur.

Leipzig,
Verlag von Franz Duncker.
1882.

Einleitung.

Wenn man gewagten Vermuthungen Raum geben darf, so reichen die Welfen hoch in's Mittelalter hinauf. Als die ersten bekannten Stammväter des Geschlechtes will man nämlich die bei Jordanis [1]) genannten Anführer der Schyren Edico — Eticho — und Wulf — Welf — gelten lassen; eine Annahme, welche allerdings keine weiteren Anhaltspuncte hat, als den welfischen Klang der beiden Namen.

Später — in der zweiten Hälfte des achten Jahrhunderts — begegnen uns zwei Grafen, Warinus und Ruodhardus, als Statthalter in Alamannien. Sie werden genannt aus Veranlassung eines Streites, in welchen sie mit dem Kloster Sanct Gallen geriethen, dessen Güterbesitz sie zu ihrem eigenen Vortheil beeinträchtigten und dessen Abt, den heiligen Otmar, sie gefangen nahmen.[2]) Daß sie, oder mindestens einer derselben, welfischen Geschlechtes waren, geht aus dem Bericht Ekkeharts IV.[3]) hervor, wonach noch die Welfen Roudolf II. und dessen Söhne Heinrich III. und Welf II. aus ihrem Bergwerk bei Füßen einen Zins an Eisen zum Kloster Sanct Gallen entrichteten als Sühne „für den an Otmar begangenen Frevel".

Ueber ihre nächsten Nachkommen ist nichts bekannt und fehlen

---

1) De reb. Getic. 54. — 2) Vit. s. Otmar 4. — 3) Cas. s. Gall. I, 21. —

alle Zwischenglieder zwischen ihnen und Welf I. — auch Eticho — dem Vater der Kaiserin Judith, welcher uns zuerst in fränkischen Geschichtsquellen des neunten Jahrhunderts[1]) entgegentritt.

Während wir nun über die westfränkischen Nachkommen dieses Welf — Eticho — bessere Nachrichten haben,[2]) lassen die Nachrichten über den ostfränkischen Zweig des Geschlechtes Manches zu wünschen übrig, indem die hier einschlägigen Quellen die Träger gleicher Namen wiederholt mit einander vermengen. Erst mit den Söhnen des jüngeren Roudolf, Heinrich III. und Welf II., erhält die Geschichte der älteren Welfen, welche 1055 mit Welf III., dem Herzog von Kärnthen, im Mannesstamme erloschen, größere Sicherheit.

Wohl die älteste Quelle für die Geschichte des Geschlechtes ist die im Original nicht mehr vorhandene, aber in einer Abschrift aus den letzten Jahrzehnten des zwölften Jahrhunderts in der Münchener Hof- und Staats-Bibliothek befindliche kurze Genealogie oder Geschichte der Welfen, nach Waitz[3]) geschrieben um 1126, welche bisher für einen Auszug aus dem bekannten Werke des Mönchs von Weingarten galt, in Wirklichkeit aber, wie Waitz[4]) nachgewiesen, der Arbeit des Mönchs als Grundlage gedient hat.[5])

Diese letztere nun ist die Hauptquelle für die Geschichte nicht nur der älteren, sondern auch der jüngeren, vom Vater her italienischen Welfen.

Wie alle reichbegüterten Adelsfamilien jener Zeit so wurde auch das Geschlecht der Welfen Stifter mehrerer Klöster. Die erste, allerdings in sagenhaftes Dunkel gehüllte Klosterstiftung ist jene von Ammergau in Oberbayern, dessen Mönche aber vom Sohne des Stifters nach Altomünster versetzt wurden.[6]) Bestimmtere

---

1) Einh. Ann. ad ann. 819, Theg. vit. Hlud. 26, vit. Hlud. auct. an. 32. — 2) Sein Sohn Conrad wurde bekanntlich der Stammvater der 1032 erloschenen Könige von Burgund. — 3) Waitz, Ueber eine alte Genealogie der Welfen. (Aus den Abhandlungen der Berliner Akad. 1861.) S. 4. — 4) a. a. O. — 5) Auf die Verschiedenheiten in den Berichten der Genealogie und des Mönchs, wie auf die genealogischen Verstöße beider wurde bei der Uebersetzung der Genealogie hingewiesen. — 6) Geneal. 1. Mon. Weing. 4. —

Nachrichten haben wir von Altdorf, welches zwischen 920 und 925 als Frauenkloster gegründet wurde.[1]) Welf III. gründete um die Mitte des elften Jahrhunderts das Kloster Weingarten[2]), Welf IV. (als Herzog von Bayern Welf I.) gründete in seinen letzten Lebensjahren das Kloster Raitenbuch[3]) und Welf VI. das Kloster Steingaden[4]), beide in Oberbayern.

Insbesondere aber sind Anfang und Gedeihen des Klosters Weingarten auf das Innigste mit dem Geschlechte verbunden. Nachdem die Klostergebäude daselbst abgebrochen waren, begann Heinrich IV. (als Herzog von Bayern Heinrich IX.) im Jahre 1124 den Bau eines neuen Klosters[5]), in welchem auch er selbst kurz vor seinem Tode das Mönchsgewand annahm.[6]) Dieses Kloster Weingarten, auch noch Altdorfer Kloster genannt, pflegten die Welfen als Hauskloster. Die meisten derselben bereicherten und vergrößerten dasselbe durch ausgedehnte Schenkungen und erwählten es als Begräbnißstätte.[7])

Einer der Mönche dieses Klosters nun unternahm es, um den erlauchten Gönnern desselben seinen Dank abzustatten, ihre Abstammung und Erlebnisse aufzuschreiben. Schon begann der Stern der Welfen zu sinken, schon war der jüngste der schwäbischen Linie, Welf VII., in Italien eines frühzeitigen Todes gestorben und stand Welf VI. als einziger und letzter seiner Linie — ein entlaubter Stamm — da, als er an's Werk ging, um gewissermaßen seinem Herrn und Gönner den Leichenstein zu setzen.

Wir kennen den Namen des Geschichtschreibers nicht. Heß[8]) vermuthet, daß es der Abt Wernher gewesen, welcher 1182 noch lebte, und wir haben keine Anhaltspuncte, um seine Vermuthung zu widerlegen oder zu bekräftigen. Derselbe ist bei seiner Arbeit mit Fleiß und Wahrheitsliebe zu Werk gegangen und hat die ihm zu Gebot stehenden Quellen redlich benützt, wie er uns selbst im ersten Capitel versichert. Wenn er bei alle dem im Anfang Falsches

---

1) Mon. Weing. 4. — 2) ibid. 12. — 3) ibid. 13. — 4) ibid. 32, Cont. Steingad. Cont. Hug. Cod. 1. — 5) Ann. Weing. ad ann. 1124. — 6) Mon. Weing. 15. — 7) ibid. 12—15, Cont. Steing. — 8) l. c. Praef. II. —

oder minder Glaubwürdiges berichtet, so ist das nicht ihm zur Last zu legen, sondern der Tradition, auf welche er mitunter angewiesen war, und den von ihm benützten Quellen, deren ihm überdies nur wenige zu Gebot standen. Alle Anerkennung verdient es, daß er, wenn auch nicht alle, so doch einige Unrichtigkeiten der zur Grundlage genommenen alten Genealogie verbessert hat[1]), oder doch zu verbessern bestrebt war.[2]) Allerdings läßt er sich auch einen argen Verstoß zu Schulden kommen bei Wiedergabe der der Genealogie entnommenen Nachricht über den Hof Elisina.[3]) Außer dieser Quelle hat er noch die Chronik Hugo's von Sanct Victor und die Otto's von Freising benützt, von welch' letzterer mitunter ganze Stellen fast wörtlich entlehnt sind.[4]) Daß er hierzu den im Welfischen Interesse umgestalteten Text Ottos benützt und sogar selbst einzelne Stellen in gleicher Absicht gemildert hat, darf ihm nicht allzuhoch angerechnet werden. Daß aber der spätere Theil seiner Geschichte, in welchem er Selbsterlebtes berichtet, von höchster Wichtigkeit sei, wird allgemein anerkannt.

Das Werk schließt mit der Kreuzfahrt Welfs VI. und mit dem Tode seines Sohnes, also mit dem Jahre 1167, und muß wohl auch nicht allzulange nach diesem Zeitpuncte nieder geschrieben sein. Daß es nicht vor 1169 geschrieben ist, dürfte daraus geschlossen werden, daß auf dem einer Abschrift aus dem zwölften Jahrhundert beigegebenen Bilde, welches sich vermuthlich auch schon bei der verlorenen Originalhandschrift befunden hat und welches Kaiser Friedrich mit seinen Söhnen Heinrich und Friedrich darstellt, ersterer bereits gekrönt erscheint. Da sich nun auf der andern Seite keine Anzeigen finden, daß der Geschichtschreiber die späteren wichtigen Ereignisse, nämlich die Beilegung des Kirchenstreites — 1177 — den Sturz Heinrich des Löwen — 1180 — und den Uebergang der Welfischen Erbschaft auf Kaiser Friedrich gekannt habe, so ist die Zeit zwischen 1169 und 1177 als diejenige anzunehmen, in welcher er seine Arbeit beendet hat.

1) Waitz a. a. O. S. 5. u. 7. — 2) ebend. S. 10. flgb. — 3) s. S. 11 A. 3. — 4) Cfr. Mon. Weing. 13, 23—25 aus Otton. fris. Chron. VII., 7, 19, 20, 22, 25, 26. —

Eine Fortsetzung, welche die letzten Lebensjahre Welfs VI. behandelt, wurde in dem von diesem gegründeten Kloster Steingaden geschrieben und schließt sich an die Erzählung des Mönchs an.

Aus dem Kloster Weingarten selbst besitzen wir drei weitere Fortsetzungen. Es befand sich daselbst ein Exemplar der bereits erwähnten Chronik Hugos von Sanct Victor, welches ein Verzeichniß der römischen Kaiser von Julius Cäsar bis auf Kaiser Lothar II. enthält. Daran reihen sich zwei verschiedene Fortsetzungen, eine kürzere [1]) und eine längere [2]), letztere mit Auszügen aus Capitel 28 des Mönchs von Weingarten, aus den Jahrbüchern von Weingarten z. d. J. 1153, 1154, 1158, 1162, 1174, 1180 und 1184 [3]) und aus Otto von Freising. Beide beginnen mit dem Tode König Conrads III. und schließen mit dem Kaiser Heinrichs VI. Eine dritte Fortsetzung [4]) reiht sich an das dritte Buch der Imago mundi des sogenannten Honorius von Autun. Sie schildert die Kämpfe der Gegenkönige Philipp und Otto und schließt mit der allseitigen Anerkennung des letzteren.

Bezüglich der Schreibweise der eigenen Namen ist noch zu bemerken, daß bei Personennamen im Text immer die Schreibweise des lateinischen Originals, in den Anmerkungen aber jene des Mönchs von Weingarten beibehalten wurde. [5]) Bei größeren, wohlbekannten Orten wurde die heutige Schreibweise, unter Beifügung der älteren Form im Register, bei kleineren und theilweise wenig bekannten Orten wurde einmal die alte Form und nach erfolgter Nachweisung gleichfalls die heutzutage geläufige gebraucht.

1) In der Uebersetzung als Weingartener Fortsetzung I, Codex 1 bezeichnet. — 2) Weingartener Fortsetzung I, Codex 2. — 3) Diese entlehnten Stellen sind in der Uebersetzung in Klammern gestellt. — 4) Weingartener Fortsetzung II. — 5) Nur mit dem Namen Welf — Welfus, Welfo, Guelfo — wurde eine Ausnahme gemacht und überall Welf geschrieben, weil die verschiedene Schreibweise nur störend gewesen wäre.

Neuburg im September 1881.

Der Uebersetzer.

Die alte Genealogie.

1. Eticho[1]) zeugte einen Sohn Heinrich und eine Tochter Hiltigarda. Hiltigarda nahm Kaiser Ludwig der Stammler zur Gemahlin[2]). Heinrich leistet dem Kaiser[3]) den Lehenseid; sein Vater setzte zwölf Mönche in Ambergov[4]) ein und starb daselbst. Heinrich versetzte die Mönche nach Altenmunster[5]) und von da nach Wingarten[6]) und die hier befindlichen Frauen nach Altomünster[7]).

1) Der Mönch von Weingarten, Einhards Jahrbücher, sowie Thegans und des Ungenannten Leben Kaiser Ludwigs des Frommen nennen den Vater der Kaiserin nicht Eticho, sondern Welf. Der sächsische Annalist (z. J. 1126) giebt ihm beide Namen. Es leuchtet ein, daß dieser Eticho nicht der um 910 verstorbene Gründer von Ammergau war, ebenso auch, daß sein Sohn Heinrich, Neffe oder Bruder der Kaiserin Judith, nicht den heiligen Conrad und seinen Bruder Roudolf, Zeitgenossen Kaiser Otto des Großen, zu Söhnen gehabt haben kann, und müssen Eticho, wie Heinrich in einen älteren und jüngeren zerlegt werden, zwischen welchen aber der genealogische Zusammenhang nicht klar ist. — 2) Es hat weder eine solche Hiltigarda (die hier nicht in Betracht kommende Gemahlin Kaiser Karl des Großen ausgenommen) im karolingischen Hause gegeben, noch einen Kaiser Ludwig der Stammler und liegt ohne Zweifel eine ganz entstellte Ueberlieferung von der Verbindung einer Welfin mit einem Kaiser Ludwig zu Grund. (Waitz, Eine alte Genealogie S. 5). — 3) Der Mönch von Weingarten und der sächsische Annalist nennen als diesen Kaiser Ludwig den Frommen, indessen ist diese Nachricht nicht allzuhoch anzuschlagen. — 4) Ammergau, oberb. B. A. Werdenfels. — 5) Altomünster, oberb. B. A. Aichach. — 6) Weingarten, württemb. Donaukr. O. A. Ravensburg. — 7) Die Versetzung der Mönche von Altomünster nach Weingarten (richtiger Altdorf, da Weingarten erst 1055 bezogen wurde) und der hier befindlichen Frauen nach Altomünster schreibt der Mönch von Weingarten Welf II., gestorben 1030, zu. Heß (Prodrom. p. 16 seqq.) setzt sie in das Jahr 1047, ob mit Recht, mag dahin gestellt bleiben. Die um die Mitte des elften Jahrhunderts geschriebene Biographie des heiligen Ato weiß von einer um diese Zeit stattgefundenen Vertauschung der Bewohner von Altomünster und Altdorf nichts, indessen scheint sie jedenfalls vor dem Klosterbrand zu Altdorf im Jahre 1053 stattgefunden zu haben.

2. Heinrich nahm Atha[1]) zur Gemahlin und erzeugte mit ihr den heiligen Chuonrad Bischof von Constanz, Eticho und Ruodolf.

3. Eticho starb ohne rechtmäßige Ehe, hat aber mit einer seiner Ministerialen, welche später sammt ihrer Nachkommenschaft von Ruodolf aus Bruderliebe freigelassen wurde, Söhne und Töchter erzeugt[2]), von welcher die von Hezilescella[3]), von Ustera[4]) und von Namphteswilaren[5]) abstammen.

4. Ruodolf nahm eine Gemahlin aus dem Hause Oningen[6]) Namens Ita, deren Vater der sehr edle Graf Chuono war, die Mutter aber eine Tochter des Kaisers Otto des Großen[7]). Dieser Chuono zeugte vier Söhne, Egebert, den Markgrafen von Stabin[8]), Leopald, Liutold und Chuono, und vier Töchter, deren eine sich mit unserem Ruodolf, die andere mit einem von Rinvelden[9]), einem Ahnherrn der Zäringer[10]), die dritte mit dem König der Rugen und die vierte mit dem Grafen von Andehse[11]) vermählte. Ruodolf[12]) erzeugte mit seiner Gemahlin Heinrich, welcher bei Lounon[13]) auf der Jagd von einem Stein zerschmettert wurde, und Welf den ersten dieses Namens.[14])

---

1) Vom Mönch von Weingarten Beata von Hohenwarth genannt. — 2) Der Mönch von Weingarten spricht nur von einer Tochter Etichos. Jedenfalls gehören beide einer späteren Generation an — 3) Hezelszell, die nicht mehr vorhandene Stammburg, in der Hezelsau am Ausflusse des Wallenstädter Sees. Die von Hezelszell gelten für die Stammherrn des Hauses Müllinen. (Hormayrs Werke II, 38, s. auch Waitz a. a. O. S. 9.) — 4) Uster im schweiz. Cant. Zürich. — 5) Rapperswyl im schweiz. Cant. Sanct Gallen. — 6) Oehningen, bad. Seekreis, A. Radolfszell. Itas Gemahl war nicht der Bruder des heiligen Conrad, vielmehr dessen Neffe. — 7) Falsch. — 8) Ueber die verschiedenen Versuche, diesen Egebert nachzuweisen s. Waitz a. a. O. S. 8. Sicher ist nur, daß es niemals einen Grafen Egebert von Stabin (Stade) und niemals eine Mark Stade gegeben hat. — 9) Rheinfelden im schweiz. Canton Aargau. — 10) Von einer Verwandtschaft der Rheinfelder mit den Zäringern ist nichts bekannt. — 11) Andechs, auf einem Berge am Ammersee, B. A. München. Der Mönch von Weingarten sagt statt Andehse: Diezon — Dießen, am entgegengesetzten Ufer des Sees. Dies ist der ältere Name desselben Grafengeschlechtes, welches seit 1101 urkundlich den Namen Andechs führt. (Waitz a. a. O. S. 7.) Der hier in Rede stehende Graf ist Friderich II. — 12) Wie bereits bemerkt, waren die Söhne Heinrichs und der Beata von Hohenwarth Zeitgenossen Kaiser Otto des Großen; mithin kann Welf II., ein Zeitgenosse der Kaiser Heinrich II. und Conrad II. nicht wohl der Sohn dieses Ruodolf sein und muß vielmehr einen jüngeren Vater gleichen Namens gehabt haben. — 13) Lana, südl. v. Meran. — 14) Da der Mönch von Weingarten bereits einen Welf als Vater der Kaiserin Judith anführt, so ist der erste Welf der Genealogie bei ihm der zweite.

5. Obgleich dieser Name von Catilina [1]), einem sehr edlen Römer, durch Blutsverwandtschaft auf dieses Geschlecht kam, so wurde er doch von den Nachkommen Anstands halber verworfen, aber, wie man sagt, dadurch wieder in Aufnahme gebracht, daß ein Kaiser, als ein Knabe geboren und ihm die Nachricht hiervon überbracht war, sagte: „Wegen eines Welfen, der euch geboren ist, eilt ihr, nach Hause zurückzukehren." Und dieser: „Ihr habt ihm den Namen gegeben, welcher unverändert bleiben soll."

6. Mit derselben Ita erzeugte Ruodolf auch Richarda,[2]) welche das Kloster Ebersperch[3]) gründete[4]), da sie von einem der reichsten Grafen Bayerns keine Kinder empfing. Sie stiftete auch Gisenvelt[5]) und Chuobach[6]); zu Ebersberg aber liegt sie begraben.

7. Welf nahm eine Gemahlin aus salischem . . . . . . [7]) von Glizperch[8]), Namens Imiza, die Schwester Heinrichs Herzogs der Bayern[9]), Friedrichs Herzogs der Lothringer[10]) und Alberos Bischofs von Metz. Durch sie haben wir das Gut Moringen[11]) und den Hof Elisina[12]) in Longobardien mit eintausend einhundert Mansen in einer und derselben Umwallung. Dieser Welf hatte eine Fehde mit Bruno dem Bischof von Augsburg und nahm seine Stadt und verbrannte sie[13]); er liegt zu Weingarten begraben und seine Gemahlin zu Altomünster.

8. Derselbe erzeugte eine Tochter Cuniza, welche der Markgraf

---

1) Diese Ableitung stützt sich auf den Anklang an catulus, die lateinische Uebersetzung des Namens. Welf, ein altdeutsches Wort, bedeutet nämlich junger Hund. — 2) Die ältere Chronik von Ebersberg nennt als Gemahlin des Grafen Adalbero II. von Ebersberg eine Richlindis, welche sie deutlich genug als die Tochter des Welfen Ruodolf bezeichnet, während ebenda ihre Schwiegermutter Richcardis heißt und Schwester des Grafen Marquard von Kärnthen genannt wird. — 3) Ebersberg, oberb. B. A. gl. N. — 4) Der Mönch von Weingarten nennt ihren Gemahl, Grafen Adalbero II., als Stifter der drei hier genannten Klöster. Genau ist keine von beiden Angaben, indem Ebersberg schon von Adalberos Großoheim Eberhard I., Geisenfeld aber von Adalberos Bruder, Eberhard II. gestiftet wurde. — 5) Geisenfeld, oberb. B. A. Pfaffenhofen. — 6) Kühbach, oberb. B. A. Aichach. — 7) Die Lücke in der Handschrift ist ohne Zweifel mit gentis, Geschlecht zu ergänzen. — 8) Gleiberg, preuß. R. B. Coblenz. — 9) Heinrichs VII. (von Luxemburg). — 10) Niederlothringer. — 11) Mering, oberb. B. A. Friedberg. — 12) Heß (Mon. guelf. p. 6) sucht diesen Hof im Veltlin, Andere unweit Este in der ital. Prov. Padua. — 13) Sieh hierüber Jahrb. v. Augsburg S. 10. A. 8. u. 9.

Etius¹) unter Mitgabe des Hofes Elisina zur Gemahlin erhielt und mit der er Welf erzeugte; und nachdem ihr Vater²) ohne einen Sohn als Erben gestorben und die ganze Erbschaft zum heiligen Martin nach Weingarten bestimmt war, kam derselbe herbei, erlangte die Herrschaft und wurde der erste Herzog dieses Namens in Bayern.³)

9. Dieser nahm . . . . .⁴) die Tochter des Grafen von Flandern und Königin von England⁵) Namens Judita und zeugte mit ihr Welf und Heinrich, nacheinander Herzoge von Bayern. Welf⁶) zog mit dem Erzbischof Timo nach Jerusalem und starb unterwegs.⁷)

---

1) Azzo Markgraf von Este. — 2) Richtiger ihr Bruder Welf III. Herzog von Kärnthen, mit welchem der deutsche Stamm der Welfen erlosch. — 3) Näheres hierüber bei Lambert von Hersfeld z. J. 1071. — 4) Lücke im Text. — 5) Judita, die Tochter des Grafen Balduwin V. von Flandern, war die Gemahlin Tostigs Herzogs von Northumberland, welcher im Kampfe mit seinem jüngeren Bruder, Harald König von England, 1066 Schlacht und Leben verlor. — 6) Der Vater. — 7) Auf dem Rückweg auf der Insel Cypern, am 8. oder 9. Nov. 1101.

Der Mönch von Weingarten.

Die Chronik beginnt.

1. Obgleich wir der Abstammung unserer Fürsten mit dem höchsten Fleiß nachgegangen und uns mit Forschen in verschiedenen Chroniken, Geschichtsbüchern und alten Privilegien abgemüht haben, konnten wir doch vor dem Grafen Welf, der zur Zeit Karl des Großen gelebt, keinen namentlich angeführt auffinden. Nothwendiger Weise mußte also diese Erzählung mit ihm beginnen. Indessen wissen wir aus vielen Umständen, daß es vor ihm noch andere gegeben hat, welche diesem Hause, noch ehe es den christlichen Glauben angenommen, bereits in großem Reichthum und mit Auszeichnung vorstanden und seinen Namen in verschiedenen Provinzen durch große Tüchtigkeit bekannt machten, indem lange Zeit hindurch einer auf den andern folgte. Wie wir nämlich in einer sehr alten Geschichte [1]) finden, stammen sie von den Franken ab, welche in alter Zeit unter den Königen Frantio und Turchus [2]) aus Troja auswanderten, sich an den Ufern der Donau bei Thracien niederließen, daselbst eine, Sicambria genannte Stadt erbauten und bis auf die Zeit des Kaisers Valentinian dort wohnten. Von diesem vertrieben, weil sie sich weigerten, gleich

---

1) Die Chronik des Hugo von Sanct Victor. — 2) Hugo nennt die Könige Francio und Turcus, welche den Franken und Türken den Namen gegeben haben sollen. —

den übrigen Völkern den Römern Tribut zu geben, zogen sie unter
den Herzogen Marchomir, Sunno und Genebaud aus[1]), kamen
an die Ufer des Rheins und wohnten hier an der Grenze zwischen
Germanien und Gallien.[2]) Nachdem jene[3]) also diese Länderstriche
in Besitz genommen, zogen diese,[4]) weil die Volksmenge allzu groß
war, weiter und ließen sich mit vielen Anhängern in unserer fast
unbewohnbaren und, wie man jetzt noch sieht, ganz bewaldeten
Gegend nieder. Wem dies nicht glaubwürdig scheinen sollte, der
lese die Geschichten der Heiden und da wird er finden, daß fast
alle Länder gewaltsam von Fremden erobert und in Besitz genom=
men wurden. Dies thaten die Trojaner, nachdem sie von ihren
Sitzen vertrieben waren, dies die Gothen, die Alanen, die Hunnen
und Wandalen, dies auch die Langobarden und alle übrigen Völker=
stämme, am meisten aber die nördlichen. Die Unserigen bemäch=
tigten sich also des Landes und nachdem sie in festem Wohnsitz
ihre Kräfte gesammelt, fingen sie an, ihre Macht weiter auszu=
dehnen und in verschiedenen Provinzen Güter und Würden für sich
anzuhäufen. Dadurch wurden sie auch so reich, daß sie, an Reich=
thum und Ansehen die Könige übertreffend, sogar dem römischen
Kaiser die Huldigung verweigerten[5]); und der eigenen Kraft ver=
trauend vertheidigten sie alle ihre Grenzen mit großer Tüchtigkeit
und Bravheit. Sie ordneten auch ihr Haus auf königliche Weise,
so daß alle Hofämter, nämlich das des Truchseß, des Schenken, des
Marschalls, des Kämmerers und des Fahnenträgers[6]) von Grafen
oder ihnen Gleichstehenden verwaltet wurden. An die Spitze ihres
Hausstandes, sowohl des größeren wie des kleineren, setzten sie einen
von den Vornehmeren ihres Hofes, welchen sie Vogt nannten und
welcher anstatt ihrer vor Königen, Herzogen und anderen Richtern
zu erscheinen und sie in jeder Streit= oder Klagesache zu vertreten

---

1) Es ist wohl kaum nöthig hier auf's Neue von der Unhaltbarkeit dieser auch von
andern mittelalterlichen Geschichtsschreibern vorgebrachten Fabeln zu sprechen. — 2) Hugo
hat: Alemannien. So weit reicht der Auszug aus dessen Chronik. — 3) Die Franken. —
4) Die Welfen. — 5) Damit soll wohl nur gesagt werden, daß sie „viri egregiae
libertatis" d. h. nicht Lehensträger waren. — 6) Das Amt des Fahnenträgers gehörte
nicht zu den großen Hofämtern.

hatte. Auch hatten sie noch eine andere Auszeichnung, gleichsam als Privilegium, nämlich daß sie alle Gebannte, wenn sie sich zu ihnen flüchteten, aufnahmen und bis zu ihrer Rechtfertigung oder entsprechender Sühneleistung, jedoch ohne Blutvergießen, bei sich behalten durften. Dies Alles, was zum Glanze des Hofes gehört, besteht von den Vorfahren her unverändert auch jetzt noch. Die königlichen Kirchen, nämlich die von Constanz, Augsburg, Freising, Chur, Kempten und Ottobeuren haben sie durch große Güter und viele Unterthanen bereichert. Einige haben sie von Grund aus neu und stattlich aufgebaut und diese gehören jetzt noch ihren Nachkommen.

2. **Vom Namen Welf.** Nachdem wir dies vorausgeschickt wollen wir über die Entstehung des Namens, welcher Welf lautet, so berichten, wie wir es gehört haben, weil Viele danach zu fragen pflegen. Man erzählt, daß einer der frühesten Vorfahren die Tochter eines römischen Senators, der Katilina hieß, zur Gemahlin genommen und den mit ihr erzeugten Sohn Katilina genannt habe. Weil dies nun verdeutscht Welf heißt[1]), so hätten Alle, um ihrer Muttersprache Genüge zu leisten, den römischen Namen verworfen und ihn auf deutsch Welf genannt. Andere behaupten, während einer von ihnen sich beim Kaiser aufgehalten, hätte seine Gemahlin einen Sohn geboren, hätte darauf zu ihrem Gatten geschickt, ihm das Vorgefallene mittheilen und ihn zu sich heimrufen lassen. Dieser, über die gute Nachricht erfreut, zeigt dem Kaiser seine bevorstehende Heimkehr an, verschweigt aber den Grund derselben. Der Kaiser jedoch, welcher denselben erfahren, spricht ihn spöttelnd an: „Wegen eines Welfen, der euch geboren wurde, eilt ihr, heimzukehren"? darauf dieser: „Den Namen, welchen ihr schon dem Kinde gegeben, werdet ihr ihm später mit mehr Recht geben müssen, denn, wenn Gott nicht anders verfügen will, sollt ihr dasselbe unter diesem Namen aus der heiligen Taufe heben." Und so geschah es. Wieder Andere vermuthen, es sei Beides wahr. Sie sagen nämlich, zuerst sei der Name so, wie

---

1) s. S. 3 A. 1.

ihr es oben gehört habt aufgekommen, darauf aber lange Zeit hindurch verschmäht und gleichsam in Vergessenheit gerathen, durch den Kaiser aber auf diese Weise wieder erneuert worden. Und so wurde zuletzt ein Name, welcher im Anfang Allen abscheulich schien, in diesem Geschlechte gewissermaßen natürlich und annehmbar. Doch jetzt wollen wir zu unserer Aufgabe zurückkehren.

3. **Vom ersten Welf.** Welf erzeugte also einen Sohn Namens Eticho und eine Tochter Judith.[1]) Diese Tochter vermählte sich mit Kaiser Ludewig mit dem Beinamen der Fromme, dem Sohne Karl des Großen, nachdem seine Gemahlin Irmingard, mit welcher er die Söhne Lothar, Pipin und Ludewig erzeugt, gestorben war. Sie gebar ihm Karl den Kahlen, welcher bei der Theilung des Reiches das Reich der Franken erhielt und fünfundvierzig Jahre lang[2]) auf's Trefflichste regierte, während seine Brüder Lothar und Ludewig in Italien und Alamannien regierten, der dritte aber, nämlich Pipin, gestorben war.

4. **Von Eticho, welcher Ammergau gegründet hat.**[3]) Eticho, der Bruder dieser Judith, folgte seinem verstorbenen Vater als rechtmäßiger Erbe. Er erzeugte einen Sohn Namens Heinrich I. Als dieser Heinrich das kriegstaugliche Alter erreicht hatte und mündig war, begab er sich ohne Wissen seines Vaters zum Kaiser. Und nachdem er sich mit ihm in vertrauter Freundschaft verbunden und die Kräfte und Grenzen des ganzen Reiches durch Hin- und Herreisen kennen gelernt hatte, leistete er endlich nach dem Rath der Fürsten und vorzüglich auf Betrieb des Kaisers selbst diesem den Lehenseid, unterwarf sich ihm und erhielt als Lehen viertausend Mansen im bayerischen Oberland. Als dies sein Vater erfuhr, war er der Ansicht, daß dadurch sein Adel und seine Freiheit allzusehr gelitten hätten. In unglaublicher Nieder-

---

1) Daß Judith noch zwei Brüder Namens Counrad und Roudolf hatte, welche bei der ersten Entthronung Ludewig des Frommen in's Kloster gesteckt wurden, nach dessen Wiederherstellung aber in die Welt zurückkehrten, wissen wir durch Nithard und die beiden Biographen Ludewigs. — 2) Diese Regierungsdauer, welche vom Jahre 832 berechnet ist, wo Karl an Stelle seines Bruders Pipin zum König von Aquitanien bestimmt wurde, ist der Chronik Hugos entnommen. — 3) s. S. 1, A. 1.

geschlagenheit theilte er seinen Schmerz allen seinen Freunden mit, nahm zwölf von ihnen zu sich und begab sich, königliche Gebäude und die reichsten Besitzungen verlassend, in's Gebirg nach einem Gut Namens Ammergau, wo er, ohne den Sohn je wieder sehen zu wollen, alt wurde. Daselbst begann er auch, nachdem er Mönche versammelt hatte, den Bau eines Klösterleins, in welchem er selbst später mit seinen Zwölfen zur Ruhe bestattet wurde.[1]) Heinrich aber, welcher seines Vaters Schmerz auf jede Weise zu mildern suchte, mied seine Gegenwart, entzog ihm aber nicht den Trost der Unterstützung; denn alle seine angrenzenden Besitzungen überließ er ihm zum Unterhalt. Als er später den Tod seines Vaters erfuhr, versetzte er in Erwägung, daß die Oertlichkeit, wo mit dem Bau des Klosters begonnen war, unbequem und beschwerlich für die Mönche wäre, dieselben mit all' den Ihrigen auf ein Altomünster genanntes Gut, wo der heilige Bekenner Alto ruht, und gründete daselbst eine sehr fromme und reiche Abtei.[2]) Später errichtete er auch auf dem Gute zu Altdorf eine Abtei für Klosterfrauen, an dem Platze, wo jetzt die Pfarrkirche steht.

5. Derselbe Heinrich nahm eine Gemahlin aus dem Hause Hohunwarthe[3]) in Bayern Namens Beata, mit welcher er drei Söhne erzeugte: den heiligen Counrad Bischof von Constanz, Eticho[4]) und Roudolf. Der heilige Counrad nun überließ, nachdem er zum Bischof erhoben war, sein Vatergut Alidorf und Wolpoteswende, Berge und Fronehofen[5]) mit allem Dazugehörigen und Alles, was jenseits unseres Flusses Scuzina[6]) gelegen ist, wie es uns noch heutzutage gehört, tauschweise seinem Bruder Roudolf und erhielt dagegen von diesem entfernter gelegene Besitzungen, nämlich

---

1) Selbstverständlich ist diese — vom sächsischen Annalisten beim Jahre 1126 noch umständlicher berichtete — Erzählung in historischer Beziehung nicht allzuhoch anzuschlagen. — 2) Der Lebensbeschreibung des heiligen Alto zufolge wurde das Kloster Altomünster bereits von ihm selbst, einem Zeitgenossen des heiligen Bonifaz, gegründet. — 3) Hohenwarth, oberb. B. A. Schrobenhausen. — 4) s. S. 1, A. 1. — 5) Aulendorf, württemb. Donaukr. O. A. Waldsee, Wolpertschwende, Berg und Fronhofen ebenda, O. A. Ravensburg. — 6) Schussen, kommt aus dem Federsee oberhalb Schussenried und mündet bei Eristirchen in den Bodensee.

Enſilingen, Andilvingen¹) mit allem dazugehörigen, im Elſaß Colmir²) und im churiſchen Rhätien Amidis, Flumines und Lugeniz.³) Dieſes alles ſchenkte er ſeiner Conſtanzer Kirche und zwar einen Theil den Brüdern der Hauptkirche zur Aufbeſſerung ihres Unterhaltes, den anderen Theil jenen Brüdern, welche er als Kanonifer an die Kirche des heiligen Moriz geſetzt hatte. Sein Bruder Eticho ſtarb, ohne eine eheliche Verbindung eingegangen zu haben, und wurde zu Conſtanz neben der oben genannten Kirche beerdigt. Gleichwohl hatte er mit einer ſeiner Miniſterialen eine Tochter erzeugt⁴), welche ſein Bruder Roudolf, nachdem er ihr aus Liebe zu ſeinem Bruder die Freiheit geſchenkt, mit reicher Mit= gift an Landgütern einem Edlen aus dem churiſchen Rhätien ver= mählte. Von ihr ſtammen die von Hezelszell, von Uſter und von Rapperswyhl mit ihrer Verwandtſchaft.

6) Von Roudolf, dem Bruder des heiligen Counrad. Roudolf, der Bruder der Vorigen, nahm eine Ge= mahlin Namens Ita aus dem Hauſe Oehningen⁵), deren Vater der ſehr edle Graf Couno, die Mutter aber eine Tochter des Kaiſers Otto des Großen Namens Richlint war. Dieſer Couno erzeugte vier Söhne, Eggebert, Leopald, Liutold und Couno. Der erſte der= ſelben, nämlich Eggebert, hatte die Mark gegen die Dänen an der Grenze Sachſens, Stabin genannt, inne und zeugte Söhne und Töchter, welche ſich in verſchiedene Länder zerſtreut haben. Der= ſelbe Couno hatte auch vier Töchter, deren eine unſern Roudolf, eine andere einen von Rheinfelden, Ahnherrn der Zäringer, eine dritte den König der Rugier und eine vierte den Grafen von Dießen heirathete.⁶) Der genannte Roudolf erzeugte mit Ita zwei Söhne, Heinrich und Welf⁷), und eine Tochter Richgarda.⁸)

7. Dies iſt jener Heinrich, welcher in ſeiner Jugend bei dem

---

1) Langenenslingen in Hohenzollern=Sigmaringen und Andelfingen, württemb. Donauk. O. A. Riedlingen. — 2) Colmar; er beſaß dort jedoch nur den Niederhof. — 3) Ems, Flims, Logenez im ſchweiz. Cant. Graubünden. — 4) ſ. S. 2, A. 2. — 5) ſ. S. 2, A. 6. — 6) Bis hieher iſt dieſes Capitel mit ſeinen großentheils fabelhaften genealo= giſchen Nachrichten nur eine, nicht eben glückliche, Amplification des vierten Capitels der Genealogie. — 7) ſ. S. 2, A. 14. — 8) ſ. S. 3, A. 2.

Dorfe Lana im Vintschgau auf der Jagd, von einem Steine getroffen, den Tod fand. Richgarda nahm einer der mächtigeren Grafen Bayerns[1]) zur Gemahlin; weil er aber keinen Erben von ihr hatte, gründete er mit seinen Gütern drei Abteien, prächtig, wie man sieht. Diese sind: Ebersberg, Kühbach und Geisenfeld. Ueberdies schenkte er noch Welf, dem Bruder seiner Gemahlin, die Güter Utingen und Selmbach[2]) mit allem Dazugehörigen. Richardis selbst liegt zu Ebersberg begraben. Endlich wurde Roudolf, nachdem er der Natur seine Schuld entrichtet, im Kloster Altdorf bei seinem Vater und seiner Mutter begraben.

8. **Von Welf, dem Sohne Roudolfs.** Der oben genannte Welf, der Sohn dieses Roudolf, nahm eine Gemahlin aus salischem Geschlechte von der Burg Gleiberg, Namens Imiza, die Schwester Heinrichs, Herzogs von Bayern, Friedrichs Herzogs der Lotharinger und Adilberos, Bischofs von Metz. Durch sie haben wir[3]) das königliche Gut Mering und in Langobardien den herrlichen Hof Elisina, zu welchem elftausend Mansen gehören, die in einer und derselben Umwallung liegen.

9. **Wie er die Stadt Augsburg genommen hat.** Dieser Welf war es, welcher sich einmal mit Hilfe des Herzogs Ernest[4]) gegen den Kaiser empörte und Brouno, den Bischof von Augsburg, lange Zeit mit Brand und Plünderung befehdete, sehr viele Burgen und Plätze desselben zerstörte und endlich dessen Stadt selbst wegnahm. Da diesem der Bischof[5]) von Freising zu Hilfe kam, so hatte er von Welf Aehnliches zu erdulden. 1026.

10. Dieser nahm auch mit der Abtei zu Altdorf eine Ver-

---

1) f. ebend. — 2) Utting, oberb. B. A. Landsberg, und Sielenbach, oberb. B. A. Aichach. — 3) Nämlich Kloster Weingarten. Dies erscheint aber unrichtig, wenn man in Erwägung zieht, daß unser Geschichtschreiber weiter unten (Cap. 10) selbst berichtet, Welf II. habe seiner Tochter Chuniza den Hof Elisina als Heirathsgut mitgegeben, ferner, daß derselbe Hof der Steingadener Fortsetzung zufolge später wieder Eigenthum Welfs VI. war und daß dieser 1172 zwei Höfe von seinem Gute Mering dem Kloster Sanct Ulrich zu Augsburg geschenkt hat. Die Stelle scheint eben einfach aus der Genealogie in die Geschichte herübergenommen zu sein, hat aber dort eine andere Bedeutung wie hier, indem die Genealogie im Namen des Welfengeschlechtes, die Geschichte aber im Namen des Klosters spricht. (Waitz a. a. O. S. 11 ff.) — 4) von Alamannien. — 5) Egilbert.

änderung vor, indem er die Mönche von Altomünster hieher, unsere Klosterfrauen aber dorthin versetzte.[1]) In dieser Abtei wurde er auch nach seinem Tode zur Ruhe bestattet. Seine Gemahlin aber, welche ihn lange überlebte, liegt zu Altomünster begraben. Als er das Greisenalter erreicht hatte, erinnerte er sich all' des Schlimmen, welches er der Kirche zu Augsburg und Freising zugefügt, dachte oft und immer wieder darüber nach und war mit großer Herzenszerknirschung bestrebt Schadenersatz zu leisten. Er erwählte sich die Probe des kalten Wassers, und da er bei derselben keinen andern Preis für genügend hielt, häufte er Güter auf Güter zur Sühne, und so gelangte er endlich durch Gutmachen des gestifteten Unheils zu vollkommener Reinigung. Diese Güter übergab er ohne Zögern den beiden Kirchen nach Art und Größe des angerichteten Schadens zu immerwährendem Besitz. Er erzeugte auch eine Tochter Namens Chuniza, welche Azzo, ein sehr reicher Markgraf von Italien, mit der Mitgabe des Hofes Elisina zur Gemahlin nahm, und mit welcher derselbe Welf erzeugte, den zukünftigen Erben und Herrn unseres ganzen Landes, von welchem an geeigneter Stelle die Rede sein wird. Er erzeugte auch einen Sohn seines Namens, Welf, einen durchaus erprobten Mann. Derselbe erwarb das Herzogthum Kärnthen und die Mark Verona und regierte auf's Trefflichste. Von ihm erzählt man, er hätte, zum Kriege gerüstet, den Kaiser Heinrich III. an dem Rungalle genannten Ort[2]), wo das ganze Heer sich zu sammeln pflegt, und wohin zu kommen auch er sich eidlich verpflichtet hatte, drei Tage über die angesagte Zeit erwartet, und da nicht einmal ein Bote erschienen wäre, um den Grund der Säumniß bekannt zu geben, so hätte er die Seinigen gesammelt und mit wehender Fahne den Rückmarsch angetreten. Als ihm endlich der Kaiser begegnete, konnte er ihn weder durch Geschenke noch durch Versprechungen und selbst nicht durch Drohungen von der einmal unternommenen Heimkehr abwendig machen.

---

1) . S. 1, A. 7. — 2) Auf den roncalischen Feldern.

11. Wie er dem Kaiser zu Verona Widerstand geleistet hat. Einmal auch, als der Kaiser den Bürgern von Verona eine Schätzung auferlegt und ihnen tausend Mark abgepreßt hatte, kam er unvermuthet herbei und setzte dem Kaiser und den Seinen durch Ernst und Schimpf so zu, daß derselbe kaum, nachdem er die volle Geldsumme zurückgegeben, sicheren Abzug erlangte.

12. Derselbe Welf gründete auch das alte[1]) Kloster auf dem Berge zu Ehren des heiligen Martin und gab ihm den Namen Weingarten. Nachdem die Mönche vom Landgute dahin versetzt und die Gebeine seines Vaters Welf, seines Vatersbruders Heinrich und seines Großvaters Roudolf übertragen waren, machte er die frühere Kirche zur Pfarrkirche. Endlich starb dieser Welf noch im jugendlichen Alter, während er sich auf der Burg Botamum[2]) befand, an einer Krankheit. Als er sich dem Tode nahe fühlte, schenkte er in Ermangelung eines Leibeserben sein ganzes Vatergut mitsammt den Ministerialen dem heiligen Martin in das Altdorfer Kloster[3]) zu immerwährendem Besitz und übertrug die Ausführung vertrauensvoll zweien seiner angesehensten Leute[4]), welche sich damals bei ihm befanden. Er selbst wurde nachdem er seine Tage beschlossen, ebendahin gebracht und unter großem Wehklagen der Seinen und der ganzen Nachbarschaft beerdigt. Bald nach der Bestattung aber wurden diejenigen, welche mit dem Vollzug der Schenkung beauftragt waren, in ihrem Vorhaben gehindert. Seine Mutter nämlich, welche wußte, daß sie von ihrer Tochter einen Erben hatte, schickte Gesandte nach Italien und ließ diesen herbei-

---

1) Im Jahre 1053 brannte das Kloster Altdorf ab und Welf räumte den Mönchen daselbst seine auf dem nahen Berge gelegene Stammburg ein, welche 1055 von ihnen bezogen und Weingarten genannt wurde. Herzog Heinrich IX. von Bayern begann 1124 den Bau eines neuen Klosters, weshalb das von Welf III. gegründete Kloster Weingarten hier „das alte" genannt wird. — 2) Bodmann im bad. Seecr. A. Stockach. — 3) Den Hof Utting schenkte er den Jahrbüchern von Altaich zufolge dem Kaiser, von Reue ergriffen über die Verschwörung, in welche er sich mit dem abgesetzten Bayerherzog Conrad (von Züthphen), dem Bischof Gebehard III. von Regensburg und Anderen eingelassen hatte. — 4) Zwei Brüdern, seinen Vasallen, welche im Codex traditionum von Weingarten genannt sind.

bringen. Und als er kam, stieß er die ganze Schenkung um und erklärte sich selbst als den zweifellosen und wahren Erben.

13. **Von Welf IV., welcher der erste Herzog von Bayern war.** Dies ist jener Welf, welcher als der erste der Unseren das Herzogthum Bayern erlangte und daselbst, wie auch in anderen Theilen des Reiches viel Großes vollbrachte. Denn er war ein Mann beherzt mit den Waffen, klug im Rath und mit Weisheit für Rechtshändel wie für andere Verhältnisse des bürgerlichen Lebens begabt. Daher unterdrückte er auch alle Fehden in seinem Lande, welche entweder gegen ihn oder von Anderen unter sich geführt wurden, durch große Mäßigung oder durch Strenge. Ehe der Kaiser Pläne zu seiner Ermordung geschmiedet und den offenen Kampf gegen die Kirche begonnen, hing er ihm in aller Treue an und diente ihm, als er gegen die Sachsen Krieg führte, in drei blutigen Schlachten mit größter Tapferkeit. Nachdem aber viel Schändliches von ihm erzählt wurde und er, was noch schlimmer ist, den apostolischen Herrn Gregor VII. von seinem Sitze vertrieben und Gwipert, den Erzbischof von Ravenna, an seine Stelle gesetzt, wendete er sich mit anderen katholischen Fürsten von ihm ab und machte ihm von da an viel zu schaffen. Daher befehdete er auch den Bischof Sigefrid von Augsburg, welcher dessen Partei, oder richtiger dessen Frevel begünstigte, lange Zeit auf's Heftigste.[1]) Endlich bemächtigte er sich seiner mit vielen Anderen in seiner eigenen Stadt, warf ihn in's Gefängniß und hielt ihn lange Zeit in Ketten auf seiner Burg Ravensburg. Auch seine Stadt verheerte er durch Brand und Plünderung. Zur Gemahlin aber nahm er Judith, die Königin von England[2]), welche damals Wittwe war, eine Tochter des edlen Grafen Balduin von Flandern. Mit ihr zeugte er zwei Söhne, nämlich Welf und Heinrich,

---

1) s. d. Jahrb. v. Augsburg z. d. J. 1080—1084 u. 1088. — 2) Welf war in erster Ehe mit Ethelinde, der Tochter des Bayerherzogs Otto (von Nordheim) vermählt. Nachdem über diesen 1070 die Reichsacht verhängt und er selbst mit Bayern belehnt war, verstieß er dieselbe. Näheres hierüber bei Lambert von Hersfeld z. J. 1071. Ueber Judith s. S. 4, A. 5.

welche beide das Herzogthum Bayern, einer nach dem andern, besaßen. Dieser ist derjenige, welcher als der erste der Unseren, weil er in so viel bewegter Kriegszeit seine Güter unter seine Anhänger vertheilt und dadurch die väterlichen Einkünfte vermindert hatte, Bischöfen und Aebten huldigte[1]) und nicht wenige Güter von ihnen empfing. Er besaß auch durch Schenkung die beiden Burgen Achalm und Wulvelingen[2]) und alle Güter des Grafen Liuthold[3]), welche diesem in jener Gegend gehörten, die ausgenommen, welche derselbe in Zwiviltun[4]) der heiligen Maria übergeben hatte. Auch das Erbgut des Grafen Otto von Bouchorn[5]) erlangte er noch zu Lebzeiten und mit Einwilligung desselben und behielt es. Als er endlich das Greisenalter erreicht, mit dem Bau einer Kirche zu Raitenbouch[6]) begonnen und sie reichlich genug ausgestattet, auch das Altdorfer Kloster mit Gütern, Zehenten und Leibeigenen, sowie mit kirchlichem Schmuck bis zum Ueberfluß bereichert und andere ihm gehörige Kirchen einigermaßen aufgebessert hatte, wollte er Gott für seine Sünden noch eine beschwerlichere Genugthuung leisten und unternahm eine Fahrt nach Jerusalem. Diese führte er auch unter den größten Verfolgungen und Gefahren auf dem Wege durch Ungarn und Griechenland aus; denn er besuchte, nachdem er die Seinigen größtentheils verloren hatte, das Grab des Herrn und die anderen heiligen Orte und kam sodann auf dem Heimwege nach Cypern, wo er aus diesem Leben schied und begraben wurde. Indessen wurden später seine Gebeine erhoben, in's Altdorfer Kloster gebracht und daselbst bestattet. Die Gefährten seiner Pilgerschaft und Mühen wurden durch die Ränke des treulosen griechischen Kaiser Alexius theils getödtet, theils fielen sie lebend den Saracenen in die Hände. Unter ihnen wurde auch Themo, der Bischof von Salzburg ergriffen, dem König der Mempheer vorgeführt und zum Götzendienst gedrängt. Er trat in den Tempel, und zeigte, außer-

1101
8. No

---

1) Als Lehensmann. — 2) Achalm, württemb. Schwarzwaldkr. O. A. Reutlingen und Wülflingen, schweiz. Canton Zürich. — 3) von Achalm, dem letzten seines Geschlechtes. — 4) Zwiefalten, württemb. Donaukr. O. A. Münsingen. — 5) Buchhorn, jetzt Friedrichshafen am Bodensee. — 6) Raitenbuch, auch Rottenbuch oberb. B. A. Schongau.

ordentlich stark an Kräften des Körpers wie des Geistes, wie er war, daß die Götzenbilder, welche er anbeten sollte, nicht Götter, sondern Machwerk der Hände wären, indem er sie in Stücke zerschlug. Deswegen zur Verantwortung gezogen erlitt er ausgesuchte Folterqualen und erlangte die Marterkrone.[1]) Die Gräfin Ita, die Mutter des Markgrafen Leopold von der Ostmark[2]), welche sich gleichfalls in der Pilgergesellschaft befand, raubte einer der Saracenenfürsten, nahm sie zu sich in der schändlichsten Ehe und erzeugte mit ihr, wie man sagt, jenen abscheulichen Sanguin.[3])

14. **Von Welf V., welcher Mahtilde heirathete und in Choufringin[4]) starb.** Nach des Vaters Tod erhielt also Welf als der ältere Bruder das Herzogthum. Er war ein sehr gemäßigter Mann, welcher sich Alle, die ihm Widerstand leisteten, mehr durch Freigebigkeit und Güte als durch Grausamkeit unterwarf. Sein Haus hielt er in der größten Ordnung, weshalb ihm auch die Edelsten beider Provinzen[5]) um die Wette ihre Söhne zur Aufsicht und Erziehung übergaben. In Italien bestand er aber oft die härtesten Kämpfe mit jenen, welche sich sein Erbgut angemaßt und die Seinen auf das Schmählichste betrogen und belästigt hatten. Mit Kaiser Heinrich V. war er in Rom, als jener den Papst Paschalis gefangen nahm, ohne sich jedoch an diesem Frevel zu betheiligen; denn als er ihn auf keine Weise davon abbringen konnte, machte er sich zum Vermittler, um einen Vergleich zu Stand zu bringen. So geschah es, daß sich der Kaiser nach seinem Rath endlich zu einer angemessenen Genugthuung herbeiließ und der Papst denselben um des Friedens willen gütig und väterlich empfing und weihte. Zur Gemahlin nahm er Mahtilde, die Tochter des Bonifacius, eines sehr edlen und reichen Markgrafen von Italien[6]),

---

1) Diese Stelle ist aus Otto von Freising (VII, 7) entnommen, der jedoch selbst die Ungenauigkeit der Geschichte nachweist. — 2) Leopold III. Otto von Freising, ein Sprößling des markgräflich österreichischen Hauses, weiß von dem Raub und der erzwungenen Ehe seiner Großmutter nichts, ebensowenig Ellehard von Aura, welcher beim Jahre 1101 denselben Gegenstand behandelt. — 3) Emadeddin Zenki, der Eroberer von Edessa. — 4) Kaufering, oberb. B. A. Landsberg. — 5) Bayern und Alamannien. — 6) Bonifacius war Markgraf von Tuscien. Mahtilde war die Wittwe Gotefrid des Buckligen und, da ihr Vater bereits

eine Frau von männlichem Geiste, welche gleich dem tapfersten Fürsten jene ganze Gegend unter ihrer Botmäßigkeit hielt. Später aber verstieß er sie, ich weiß nicht aus welchem Scheidungsgrund.¹) 1095. Endlich, nachdem er alle seine Verhältnisse auf's Beste geordnet hatte, erkrankte er, starb auf dem Gute Kaufering und wurde zu 1120. Altdorf neben seinem Vater und seiner Mutter begraben.

15. **Von Herzog Heinrich, der ein Mönch wurde.**
Sein Bruder Heinrich erlangte das Herzogthum und Alles, was ihm gehört hatte, und hielt es kräftig in Gehorsam. Dieser hatte sich schon früher, als sein Bruder noch lebte, eine Gemahlin Namens Wulfhild aus Sachsen geholt, die Tochter des Herzogs Magino²) und der Sophia, der Schwester des Ungarkönigs Colomann.³) Diese Sophia hatte aber vorher einen Gemahl aus Kärnthen⁴) gehabt, welchem sie den Markgrafen Popo gebar, der seine beiden Töchter, eine mit Bertholf, Grafen von Andechs, die andere mit Albert Grafen von Bogen⁵) vermählte. Die Schwester dieser Sophia heirathete der König der Griechen.⁶) Mit einer andern Schwester derselben vermählte sich ein gewisser Graf⁷), nachdem er sie aus einem Nonnenkloster entführt, und erzeugte mit ihr Friderich, den Vogt von Regensburg. Sophia selbst aber gebar dem Herzog Magino vier Töchter⁸); unsere Wulfhild, Ailigka, die Mutter Adelberts, des Markgrafen von Sachsen⁹), die dritte heirathete der Herzog von Mähren¹⁰), die vierte¹¹) entführte Egehard, Graf

---

1052 ermordet war) bei ihrer Vermählung im Jahre 1069 mindestens siebenunddreißig Jahre alt, während Welf, dessen Mutter sich nicht vor 1071 mit seinem Vater vermählt haben kann (f. S. 14 A. 2) höchstens siebzehn Jahre zählte. — 1) Der vorzüglichste Scheidungsgrund war wohl die Ungleichheit des Alters. — 2) Magnus. — 3) Sophia war die Tochter König Bela's und wird daher vom sächsischen Annalisten die Schwester des Königs Ladislaus genannt. König Colomann war ihr Neffe. — 4) Ulrich von Weimar, Markgraf von Krain und Istrien. — 5) Seine Stammburg unweit der Donau, niederb. B. A. Straubing. — 6) Nach herkömmlicher, jedoch unsicherer, Annahme Johannes II. Komnenos (Kalojohannes). — 7) Friedrich, Graf von Bogen. — 8) Sämmtliche sächsische Geschichtschreiber kennen nur zwei Töchter des Herzogs Magnus von Sachsen, nämlich Wulfhild und Ailigka, indessen darf angenommen werden, daß Sophia noch zwei weitere Töchter besaß, welche aus erster Ehe stammten. (f. Walderdorf in Forsch. z. deutsch. Gesch. XIII., S. 591 ff.) — 9) Adelbert von Ballenstedt war seit 1123 Markgraf der Lausitz, verlor diese Mark 1131, wurde aber 1134 mit der Nordmark belehnt. — 10) Conrad I. — 11) Richarda.

von Scirin¹), aus einem Nonnenkloster in Regensburg, nahm sie zur Gemahlin und zeugte mit ihr den Pfalzgrafen Otto. Herzog Heinrich nun hatte von Wulfhild drei Söhne außer jenen, welche das himmlische Vaterland in den Kinderjahren in seinen Schoß aufgenommen, nämlich Counrad, Heinrich und Welf, und vier Töchter, Judith, Sophia, Mahtilde und Wulfhild. Judith heirathete Friderich, der Herzog von Schwaben, und sie gebar ihm unseren Kaiser Friderich und die Gemahlin des Herzogs Matheus von Lotharingen. Sophia nahm Berthold, Herzog von Zäringen, und nach dessen Tod Leopald, Markgraf von Steier, zur Gemahlin. Mahtilde vermählte sich zuerst mit Theopald, dem Sohne Theopalds, Markgrafen von Voheburch²), und nach seinem Tode mit Gebehard von Sulzbach³), Wulfhild heirathete Roudolf, Graf von Bregenz. Counrad wurde zum Kleriker bestimmt und wurde, nachdem er in seinen Kinderjahren zu Hause in den Wissenschaften unterrichtet war, in reiferem Alter dem Erzbischof⁴) von Köln übergeben, damit er in höherer Gelehrsamkeit und klösterlicher Zucht erzogen würde. Daselbst machte er in beidem solche Fortschritte und zeichnete sich auch durch andere Tugenden und Vermeidung des Bösen so aus, daß er vom gesammten Klerus und Volk geliebt und der höchsten Ehren für würdig gehalten wurde. Er selbst aber floh Ehren, Reichthümer und Menschenlob, gesellte sich zu einigen Mönchen, begab sich mit ihnen, ohne daß Jemand der Seinigen darum wußte, in das Kloster Clairvaux und ließ sich daselbst einkleiden. Im Verlaufe der Zeit ging er dann nach Jerusalem, wo er sich bei einem in der Einöde lebenden Diener Gottes aufhielt und demselben in aller schuldiger Demuth diente. Endlich fühlte er sich krank und dachte auf seine Heimkehr; er bestieg also ein Schiff und kam nach Bari, in die Stadt des heiligen Nicolaus. Hier beschloß er in seligem Tod seine Tage, wurde ehrenvoll zur Erde bestattet und ruht daselbst.

---

1) Scheyern, oberb. B. A. Pfaffenhofen. — 2) So von seinem Stammsitz Vohburg im oberb. B. A. Pfaffenhofen benannt. Die Grafen von Vohburg waren Markgrafen auf dem bayerischen Nordgau. Mit dem Tode des älteren Grafen Theopald — 1146 — ging die Markgrafschaft von dem Hause Vohburg auf kurze Zeit an das Haus Sulzbach über. — 3 Dessen Stammburg auf einem Felsen bei Sulzbach oberpf. B. A. gl. N. — 4) Friderich I.

Um dieselbe Zeit starben auch seine Mutter und sein Vater, welcher vor seinem Ende das Klostergelübde abgelegt hatte — dieser auf der Burg Ravensburg, die Mutter sechzehn Tage nach ihrem Ge= mahl in Altdorf — und wurden im Kloster des heiligen Martin begraben.   13.

16. **Von Heinrich, dem ersten Herzog der Sach=
sen.** Nachdem somit Heinrich nach des Vaters Tod dessen Herzog= thum erlangt, berief er einen allgemeinen Landtag nach Regensburg. Als er mit gesammeltem Heer dahin gekommen war, sprach er mit weiser Gerechtigkeit Urtheil über jegliche ihm zu Ohren gekom= mene Ungebühr, in der Stadt und an allen anderen Orten, be= schwichtigte die Fehden, welche die Fürsten und Großen des Landes seit langer Zeit mit einander geführt, befahl unverbrüchlichen Land= frieden und ließ ihn durch einen Eid bekräftigen. So verließ er endlich, nachdem er von den Bürgern Geld erhalten, Allen Schrecken einflößend, die Stadt und zerstörte die Burgen und Dörfer der Räuber und Gebannien in der ganzen Provinz. Mittlerweile ließ er die Großen Bayerns und Schwabens, nachdem er eine Gesandt= schaft nach Sachsen geschickt, um seine Verlobte, nämlich Gerdrude, die Tochter Kaiser Lothars, abzuholen, zu seiner Hochzeit laden. Nachdem dieselbe in der Pfingstwoche auf der Ebene am Lech, jen=   1127 22.—2 Mai. seits von Augsburg an dem Conciolegum 1) genannten Ort gefeiert war, geleitete er seine Gemahlin in die hiesige Gegend und wies ihr bis zum Herbst ihren Aufenthalt auf der Ravensburg an. Er selbst aber kehrte zum Kaiser zurück, empfing das Herzogthum Sachsen, Nürnberg, Gredingen 2) und alle Lehen, welche der Kaiser von Bischöfen und Aebten hatte, und versprach ihm, Herzog Fride= rich, den Gemahl seiner Schwester, anzugreifen.

17. Unterdessen sah Friderich, der Vogt der Regensburger Kirche, die Macht des Herzogs wachsen, sein tägliches Einkommen

---

1) Der nicht mehr vorhandene Ort Gunzenlee. Ueber dessen Name und Lage s. Steichele, Bisthum Augsburg Bd. II., S. 495 ff. — 2) Greding, mittelfr. B. A. Hilpolt= stein. Diese Belehnungen erfolgten jedenfalls nicht alle gleich nach der Hochzeit. Mit Sachsen wurde Heinrich, wie Jaffé (Kais. Lothar, Beil. II) nachgewiesen, sogar erst 1137 belehnt.

in der Stadt aber weniger werden und ermordete nach dem Rath Einiger, welchen der Friede verhaßt war, einen Ministerialen der Kirche, welcher dem Herzog in und außerhalb der Stadt mit aller Treue beistand und diente, nachdem er ihn, wie man sagt, hinterlistiger Weise zu sich gerufen hatte. Als der Herzog dies erfahren, kommt er eiligst nach Bayern, belagert des Vogtes überaus feste Burg Falchenstein[1]) und zwingt alle die Seinen bei der Belagerung zu helfen. Während dies in Bayern geschieht, belagert der Kaiser im Kampfe mit Herzog Friderich Speyer, eine Stadt am Rhein, und fordert Herzog Heinrich durch eine Botschaft auf, so schnell als möglich ihm zu Hilfe zu kommen. Dieser überläßt ohne alles Zaudern die Belagerung und die ganze Angelegenheit seiner Schwester, der Markgräfin Sophia, welche damals Wittwe und gerade mit achthundert Geharnischten ihm zugezogen war, und eilt mit sechshundert und mehr Rittern zum Kaiser. Nach vielen Beschwerlichkeiten dort angekommen schlug er sein Lager jenseits des Rheins und legte das Heer, ohne es zu zerstreuen, in seine Nähe, um sich vor einem Angriff und Ueberfall Friderichs zu schützen. Als aber Friderich, ein im Kriege beherzter Mann, in einer Nacht ohne genügende Vorsicht mit seinen Bewaffneten in das Lager eindrang, trieb ihn Heinrich, welcher gewarnt war und Waffen und Pferde in Bereitschaft hatte, in die Flucht und verfolgte den Fliehenden bis nach Gouningen.[2]) Dieser kam, nachdem er einige seiner Leute und fast alle Pferde verloren hatte, mit Schimpf und Schande davon. Nachdem hierauf die von Speyer unter Vermittelung des Mainzers[3]) dem Kaiser Genugthuung geleistet und einen Vertrag mit ihm abgeschlossen hatten, kehrte er[4]) nach Bayern zurück, nahm die schon lange belagerte Burg ein und besetzte sie mit seinen Leuten zum Schutze jener Gegend und zur Bewachung der Burg selbst.

1129
. Dec.

---

1) Falkenstein, oberpf. B. A. Roding. — 2) Burchard von Ursberg, der diese Stelle unseres Geschichtschreibers abschrieb, hat „Grouningen"; es wird daher ein Schreibverstoß vermuthet und (nach Stälin II., S. 58 A. 3 „höchstgewa]t") an Marktkrönigen, württemb. Neckarkr. O. A. Ludwigsburg, gedacht. — 3) Adalberts I., Erzbischofs von Mainz. — 4) Heinrich.

18. Nicht lange darauf ¹) griff Herzog Friderich, eingedenk der erlittenen Beleidigung, Altdorf und Ravensburg mit bewaffneter Hand an, verbrannte die umherliegenden Dörfer, wie auch Memmingen, und führte einige der Unseren gefangen hinweg. Dies konnte Heinrich nicht ertragen, sammelte im darauffolgenden Sommer ein zahlreiches Heer, drang in Friderichs Gebiet ein und verheerte vom Dorfe Tauginborf ²), welches an der Donau liegt, anfangend bis über Stouphen ³) hinaus auf seinem Hin- und Rückweg die ganze Umgegend mit Brand und Plünderung. Nach Ulm wollte er aber nicht gehen, weil er nicht lange vorher dessen Ländereien, die Vorstädte und Dörfer mit grausamer Zerstörung heimgesucht hatte.

19. **Von der Fehde mit den Regensburgern.** Um dieselbe Zeit wählten die Regensburger nach dem Tode ihres Bischofs ⁴) auf Betreiben des Vogtes und anderer Feinde des Herzogs einen der Edelsten, nämlich Heinrich, den Bruder Otto's von Wolveratenhusen ⁵), und setzten ihn an die Stelle des Verstorbenen. Da der Herzog in Erwägung zog, daß dies ihm zum Trotz geschehen war, so bemühte er sich auf jede Weise, um seine Absetzung zu bewirken, und trachtete dahin, daß ihm der Kaiser die Belehnung und der Apostolische die Weihe, versagen sollten, indem er behauptete, seine Wahl wäre nicht auf kanonische Weise erfolgt. Jener aber eilte wegen dieser Gefahr zu seinem Metropoliten und erhielt von ihm die Weihe ehe eine Botschaft vom Papst ankam; kehrte darauf zurück und rüstete sich, die Stadt und alle die Seinen zum Widerstand. Da ihn also der Herzog auf solche Weise nicht entfernen konnte, griff er zu etwas Anderem, rückte ohne Verzug in Bayern ein, verheerte und verbrannte die Umgegend der Stadt

---

1) Die Chronologie für die Fehde zwischen Friderich und Heinrich ergiebt sich aus dem Zusammenhalt der Jahrbücher von Zwiefalten z. J. 1138 mit dem im Anhang gegebenen Bericht des dortigen Abtes über die Verbrennung von Ennabeuren und die Drangsale, welche sein Kloster von Heinrich von Emerlingen zu erdulden hatte. — 2) Daugendorf, württemb. Donaukr. O. A. Riedlingen. — 3) Staufen, am Fuße des Hohenstaufen, ebd. O. A. Göppingen. — 4) Conno I. gest. 1132. — 5) Wolfratshausen, B. A. u. sübl. v. München.

und alles Gebiet der Kirche und nahm auch des Bischofs Burg Tounouſtouphen[1]) weg und gab ſie in die Obhut der Seinigen. Die Bürger beunruhigten dieſelben öfters in harten Zuſammenſtößen, belagerten ſie auch einige Mal und erſchwerten ihnen den Ab- und Zugang durch gelegte Hinterhalte. Als ihnen aber einmal das Getreide ausgegangen war, brachte ihnen der Herzog ſelbſt an der Spitze eines Heeres Lebensmittel, welche er allenthalben geſammelt hatte, und ſo war dieſe ganze Provinz vielen Bedrängniſſen ausgeſetzt. Unterdeſſen kam zu dieſen Uebeln noch etwas anderes nicht minder Fluchwürdiges im oberen Bayern. Als nämlich der Herzog eines Tages durch das Gebiet des Grafen Otto von Wolfratshauſen zog, überfiel ihn dieſer, um ſeinen Vatersbruder, den Biſchof, zu rächen, ſo ſchnell und unvermuthet, daß er ihn, ehe er die Waffen anlegen konnte, des Lebens beraubt hätte, wenn nicht einer der Seinen ſchnell von dem Pferde, auf dem er geſeſſen, herabgeſprungen wäre und daſſelbe ſeinem Herrn für das ſeinige gegeben hätte. Daher wurde auch dieſer, welcher es verſuchte, auf dem Pferde ſeines Herrn zu entfliehen, gefangen und mit vielen Wunden bedeckt abgeführt. Der Herzog ſammelte alſo ein Heer und rückte 1133 um die Zeit von Mariä Reinigung in das Gebiet des Grafen, Febr. zerſtörte Alles, was im Gebirge gelegen war, belagerte die Burg Homeras[2]) und brannte ſie, nachdem ſie genommen war, aus. Nach Wolfratshauſen aber wollte er, weil die heilige Faſtenzeit nahe war, nicht mehr ziehen; dagegen nahm er ſeinen Bruder Welf mit ſich, welcher gerade die Ritter von jenſeits der Alp[3]) zum Kriegsdienſt in dieſe Gegend herbeigeführt hatte, und kehrte vor die Stadt[4]) zurück, führte die Seinigen, welche ſchon lange in der Burg Donauſtauf viel Schlimmes erduldet hatten, von da weg und verbrannte die Burg.

20. Weil wir aber Welfs gedacht haben ſcheint es nicht unpaſſend, wenn wir in dieſer Erzählung Einiges von dem, was er um dieſelbe Zeit jenſeits der Alp gethan, einſchalten. Welf nahm

---

1) Donauſtauf, oberpf. B. A. Stadt am Hof. — 2) Ambras in Tirol, Kr. Innsbruck. — 3) Die rauhe Alp in Würtemberg. — 4) Regensburg.

also in seiner Jugend unter Vermittelung seines Bruders Herzog Heinrichs Onta, die Tochter des sehr reichen Pfalzgrafen Gotefrid von Kalwe¹) zur Gemahlin. Daher erlangte er auch Alles, was ihr gehörte, sowohl Lehen als freies Erbgut. Graf Albert, des Pfalzgrafen Brudersohn²), welcher alle auf den Tod seines Vatersbruders gebaute Hoffnungen getäuscht sah, beschuldigte also diesen ungerechter Erbtheilung und indem er behauptete, die Hälfte von Allem gebühre nach Erbrecht ihm, nahm er die Burg Calw listiger Weise weg und besetzte sie mit seinen Leuten. Bald darauf überfiel er nächtlicher Weile die Ritter Welfs in Sindelvringen³), nahm einige von ihnen gefangen, schlug die anderen, welche fast alle ihre Waffen und Pferde verloren, in die Flucht, zündete den Ort an und schleppte die Beute auf seine Burg Wartinberch.⁴) Der Herzog sammelte also unverzüglich ein Heer, belagerte diese Burg und befahl, Kriegsmaschinen herbeizubringen und in Stand zu setzen. Albert aber ging die Herzoge Friderich und Counrad um Hilfe an und übergab ihnen aus seinem Allodialvermögen ein Gut mit den Ministerialen und allem sonst Dazugehörigen, damit sie Welf zwingen sollten, die Belagerung aufzuheben. Während aber diese mit einigen Rittern herbeieilten, um die Burg zu entsetzen, kam ihnen Welf zuvor, bestürmte die Burg mit seinen Leuten und seinen Kriegsmaschinen von allen Seiten: und nachdem er dieselbe mit großer Anstrengung genommen und seine Beute wieder erlangt hatte, zündete er sie an und führte die darin befindlichen Ritter gefangen hinweg.

21. Um dieselbe Zeit belagerte auch Counrad, Herzog von Zäringen, der Oheim von Welfs Gemahlin, dessen Burg Scouwenburch⁵), kehrte jedoch, da sich Kaiser Lothar in's Mittel legte, zurück, ohne sein Vorhaben ausgeführt zu haben. Später eroberte Welf nach kunstvoller Belagerung noch eine andere Burg des ge-

---

1) Calw, württemb. Schwarzwaldkr. O. A. gl. N. — 2) Alberts IV. gleichnamiger Vater war vor dessen Großvater Albert II. gestorben, weshalb der größere Theil des großväterlichen Erbes auf Alberts Vatersbruder überging. — 3) Sindelfingen, württemb. Neckarkr. O. A. Böblingen. — 4) Wartenberg, die Ruinen davon bei Cannstadt. — 4) Schauenburg, bad. Mittelrheinkr. A. Oberkirch.

nannten Grafen, nämlich Lounstein[1]), welche allgemein für uneinnehmbar gegolten, verlor dabei zwar einige der Seinen, nahm aber Alle, welche er in der Burg traf, gefangen und brannte diese aus. Als er im Verlauf der Zeit auch die Burg Calw, welche ihm derselbe Graf listig weggenommen, mit gesammelter Menge belagern wollte, unterwarf sich dieser, weil er sich zum Aeußersten gebracht sah und weder eine Zuflucht noch Hilfe zu erwarten hatte, und indem er sich zu den Füßen des Herzogs demüthigte, erlangte er die Gnade, welche er nicht verdient hatte. Denn der Herzog belehnte ihn in gewohnter Huld und Versöhnlichkeit mit derselben Burg und mit einigen anderen Gütern und entließ ihn mit Ehren, nachdem er ihm all' das Seine zurückgegeben. Nachdem auf diese Weise der Friede hergestellt war und die Großen jener ganzen Gegend bei ihm zusammenströmten, hatte die ganze seiner Botmäßigkeit unterworfene Provinz Ruhe. Jetzt wollen wir aber von dieser Abschweifung zu unserem eigentlichen Unternehmen zurückkehren.

3. März bis .April. 22. Heinrich also führte, nachdem die Osterwoche vorüber war, ein zahlreiches Heer nach Bayern, um sowohl die oben genannte Burg[2]) eng einzuschließen, als auch den Angriff jener, welche ihn fortwährend bedrohten, abzuweisen. Der Bischof hatte nämlich während der ganzen Fastenzeit seine Verwandte und Freunde aufgesucht und sich umgethan, daß er den Herzog, wenn er wieder als Feind in jene Gegend käme, mit Schimpf und Schande vertreiben könnte. Während dieser also bei der Belagerung verweilt, kömmt jener, der östliche Markgraf Leopold[3]) und andere Grafen, sowie die Mächtigsten in ganz Bayern, den Pfalzgrafen ausgenommen, mit gesammelter Streitmacht herbei und in der Ebene, nahe dem Flusse Isar, schlagen sie ihr Lager auf. Der Herzog dagegen ordnet seine Streitkräfte, stellt seine Fußknechte an einem geeigneten Platz auf und befiehlt, daß von der Belagerung nur im äußersten Falle abgelassen werden solle. Mittlerweile nimmt Pfalzgraf Otto, ein mit Weisheit begabter Mann, welcher zu beiden Theilen Zutritt hatte, die Beschaffenheit der beiderseitigen Kriegsheere in Augen-

---

1) Löwenstein, württemb. Neckarkr. O.A. Weinsberg.— 2) Wolfratshausen.— 3) Leopald III.

schein und flößt jenen Furcht ein, indem er ihnen mittheilt, daß unser Heer das stärkere sei; und bedacht, wie er die Sache gut und friedlich wenden könne, bestimmt er den Vogt Friderich, seinen Verwandten[1]), durch Verheißungen und Drohungen zur Unterwerfung. Dieser, von allen den Seinigen verlassen, fügte sich dem Rath des Pfalzgrafen, nahm ihn mit sich in das Lager des Herzogs und erlangte dessen Gnade wieder, nachdem er sich zu seinen Füßen gedemüthigt hatte. Nachdem dies zu Stand gebracht war, trieb er[2]) auch Otto, seinen Schwiegersohn, an, sich zu ergeben und Genugthuung zu leisten, indem er ihm die Noth der Seinigen auseinandersetzte. Dieser stimmte gleichfalls dem, auch von seinen übrigen Anhängern gegebenen Rath bei und zögerte nicht damit, indem er sich und seine Burg mit aller Unterthänigkeit in die Hände des Herzogs übergab. Der Herzog aber zwang ihn, wie es die Strenge des Gesetzes erfordert, seinem Vaterland und allen Grenzen Bayerns eidlich zu entsagen[3]), bis er von ihm würde zurückgerufen werden, übergab ihn als Gefangenen den Seinen und befahl ihnen, ihn mit sich nach Ravensburg zu führen. Die Burg aber verbrannte er, nachdem Alles, was man fortbringen konnte, bis auf die Gebäude selbst herausgenommen war. Es wurde also auch die Gemahlin des Grafen herausgeführt, welche sich gleichfalls in der belagerten Burg befunden hatte; diese empfing der Herzog freundlich und tröstete sie auf's Beste, indem er sie ihrem Vater, dem Pfalzgrafen anvertraute. Und so wurde aller Trotz der Bayern durch göttliche Anordnung gebrochen. Nicht lange darauf kam auch eine Verständigung zwischen ihm[4]) und dem Bischof zu Stand und gab ihm der Bischof jene Grafschaft, welche die Regensburger Kirche am Inn besitzt[5]), zu Lehen.

23. Um diese Zeit [nahm[6]) der Kaiser auf einem zu Bam- 1135 17. Mä

---

1) Otto's Großmutter und des Vogtes Mutter waren Schwestern (s. Cap. 15). — 2) Der Pfalzgraf. — 3) d. h. Urphede zu schwören. — 4) Dem Herzog. — 5) Diese Grafschaft lag auf dem rechten Ufer des Inn und erstreckte sich von Rattenberg in Tirol bis in die Nähe des Chiemsees in Bayern. — 6) Von hier an sind viele Stellen wörtlich aus der Chronik des Otto von Freising VII, 19 ff. genommen, welche eingeklammert wurden, um die Zusätze erkennen zu lassen.

berg abgehaltenen allgemeinen Reichstag die Herzoge Counrad und Friderich durch Vermittelung des Abtes Bernhard von Clairvaux wieder zu Gnaden auf[1]) und nachdem so der Friede wieder hergestellt war, sagte er die zweite Heerfahrt nach Italien an]. Da Herzog Heinrich zu dieser Heerfahrt aufbrechen wollte, nahm er den mehrerwähnten Grafen Otto und andere Bayern, welchen er er mit Recht abgeneigt war, in Gnaden wieder auf und indem er ihnen angemessenen Sold anbot, bewog er sie, wie auch Andere aus beiden Provinzen, zu dem Zuge, so daß er tausend fünfhundert Ritter durch das Thal von Trient nach Italien führte. [Mit dem Kaiser nahm er im diesseitigen[2]) Italien Garda und Guastalla], welche er von ihm zu Lehen erhielt. [Daselbst setzen die Mailänder und Cremonesen, welche seit lange mit einander in Fehde waren, die Veranlassung derselben vor dem Kaiser auseinander.[3]) Die Cremonesen wurden also von den italienischen Fürsten als Feinde erklärt und zogen geächtet von dannen. Er[4]) selbst verfolgte sie und verheerte ihr Gebiet, Dörfer und Burgen; darauf kam er nach Pavia und nahm die dortigen Bürger, nachdem sie Geld erlegt, wieder zu Gnaden auf].[5]) Daselbst wurde Otto, der Graf von Wolfratshausen, getödtet. [Auch die Bolognesen und die Bewohner der Emilia[6]), welche sich demüthigten], begnadigte er auf die Ver-

1136.

---

1) Nach einem Briefe Kaiser Lothars an den Papst, sowie nach dem Zeugnisse des sächsischen Annalisten und der Chronik von Sanct Peter unterwarf sich Counrad erst Ende September auf einem Hoftage zu Mühlhausen. — 2) d. h. diesseits der Apenninen. — 3) Der Streit zwischen beiden Städten drehte sich um den Besitz von Crema. Die Cremonesen waren eigentlich auf Seiten Lothars, da sie weder den Staufer Counrad, noch den Gegenpapst Anaclet anerkannten, wurden aber von dem Erzbischof Robaldus von Mailand excommuniciert, weil sie sich weigerten, die gefangenen Mailänder herauszugeben. — 4) Der Kaiser. — 5) Dem sächsischen Annalisten zufolge hatten die Pavesen dem Kaiser in beleidigender Weise den Gehorsam versagt. Ihre Stadt wurde darauf von einem Theile des kaiserlichen Heeres und mit Hilfe der Mailänder genommen, auf Bitten der Geistlichkeit aber nicht weiter belästigt. Tags darauf erschien Graf Otto von Wolfratshausen mit mehreren Andern vor den Mauern und forderte die Pavesen zum Kampfe heraus. Da sie sich weigerten, versuchte er es, die gewährte Waffenruhe nicht achtend, die Thore der Stadt zu erbrechen, wobei er getödet wurde. Hiefür mußten die Einwohner dem Kaiser zwanzigtausend Talente als Sühne erlegen. — 6) „welche sich ihm bei seinem früheren Zuge nicht unterworfen hatten" — setzt Otto von Freising (VII, 19) bei. Bologna unterwarf sich auch jetzt erst nach längerer Belagerung.

wendung des Herzogs. [Dann zog er nach Turin und unterwarf das ganze diesseitige Italien] ohne Schwertstreich. [Von da zog der Kaiser über die Apenninen und nahm Ancona, Spoleto und andere Städte und Burgen des jenseitigen Italiens in Gehorsam. Weiter wendete er sich gegen Roger¹) und durchzog Campanien²) und Apulien]. Unser [Heinrich aber führte ein Heer durch Tuscien]³), welches er auch vom Kaiser zu Lehen erhielt, und als er nach Rom kam, [gab er dem Papst Innocenz das Geleite bis zum Kaiser. Die Vorstädte von Alba⁴), welches ihm Widerstand leisten wollte, eroberte und zerstörte er, Benevent nahm er ein und stellte es dem Papst zurück. Unweit Bari begegnete er mit dem Papst dem Kaiser. Dieser eroberte daselbst eine Burg, in welcher Roger eine Besatzung hatte, auf sehr kunstreiche Weise und ließ alle in derselben befindliche Kriegsleute, insbesondere die Saracenen, an den Galgen hängen. Hierauf beschlossen sie, zurückzukehren, nachdem Roger aus Campanien und Apulien vertrieben und das Herzogthum Apulien Reginald⁵), einem tapferen und edlen Manne übergeben war.

24. Während sie also durch das Thal von Trient zurückkehrten, erkrankte der Kaiser und starb in einer schlechten Hütte] des Waldes zwischen dem Inn und dem Lech⁶) [im dreizehnten Jahre seiner Regierung. Er wurde von da über Augsburg und durch das östliche Franken nach Sachsen gebracht und im Kloster Luther⁷) ehrenvoll begraben. Sein Schwiegersohn, Herzog Heinrich, in dessen⁸) Gebiet er gestorben war, bewahrte also die Reichs-

---

1) Roger hatte die vom päpstlichen Stuhle zu Lehen gehenden Provinzen Apulien und Calabrien an sich gerissen und war 1130 von einem Cardinal des Gegenpapstes gekrönt. — 2) Terra di Lavoro. — 3) Er wurde dahin geschickt, um die Tuscier, welche ihren Markgrafen Engelbert (Sohn des gleichnamigen Herzogs von Kärnthen und Markgrafen von Istrien) verjagt hatten, zu züchtigen, und diejenigen Städte, zu welchen der Kaiser nicht in eigener Person kommen konnte, zu unterwerfen. · 4) Albano, fün Stunden südlich von Rom. — 5) Rainulf Graf von Alise in Campanien. — 6) Zu Breitenwang unweit Reutte in Tirol. — 7) Königslutter östlich von Braunschweig im gleichnamigen Herzogthum. — 8) Statt quibus wurde cujus gelesen, wie es sich auch bei Otto von Freising (VII, 20), findet.

Kleinodien auf], um sie [bei der allgemeinen Fürstenversammlung welche für das nächste Pfingstfest nach Mainz angesagt war], vorzulegen.¹) [Einige der Fürsten aber²), welche fürchteten, Herzog Heinrich, der damals einen hervorragenden Namen und hohe Würden im Reich hatte, könnte beim Reichstage durch seine Macht die Oberhand gewinnen, hatten nach vorhergegangener Verständigung um Mittefasten zu Coblenz, einer Stadt am Rhein, eine Zusammenkunft nnd wählten daselbst Counrad], den Bruder Friedrichs, [von welchem wir oben gesprochen, in Gegenwart des Cardinalbischofs Theodewin zum König. Die Sachsen jedoch, Herzog Heinrich und Andere, welche bei dieser Wahl nicht gegenwärtig gewesen waren, behaupteten, der König wäre nicht in gesetzmäßiger Weise, sondern durch Erschleichung erwählt. Diesen allen wurde für nächste Pfingsten ein allgemeiner Reichstag zu Bamberg angesagt. Dahin kamen alle Sachsen mit der verwittweten Kaiserin Richenza und unterwarfen sich freiwillig König Counrad. Heinrich aber, welcher die Reichskleinodien in Besitz hatte, war ferne geblieben; es wurde ihm also zu deren Auslieferung das Fest der Apostel Petrus und Paulus in Regensburg bestimmt. Als er dahin kam, übergab er sie], durch viele Verheißungen dazu bewogen³), für das Andere aber, über was noch zu verhandeln war⁴), wurde ihm ein bald darauffolgender Tag zu Augsburg anberaumt. Dahin kam er, wie es ausgemacht war, nachdem er seine Getreuen an sich gezogen und eine nicht geringe Streitmacht gesammelt hatte, und schlug sein Lager am Lech, der vom König besetzten Stadt gegenüber. Die zum Voraus für diese Angelegenheit ernannten Unterhändler und Vermittler gingen drei Tage lang herüber und hinüber, richteten aber nichts aus. Der König wollte sich nämlich nicht anders zufrieden

---

1) Otto sagt nichts davon, daß er diesen Auftrag erhalten habe. — 2) Insbesondere die Erzbischöfe Albero von Trier und Arnold von Köln, die staufischen Brüder selbst und einige Fürsten Lotharingens. — 3) Diese Worte, mit welchen der sächsische Annalist in sofern übereinstimmt, als er berichtet, König Counrad habe die Reichskleinodien „schlau an sich gebracht," deuten an, daß man dem Herzog Zusagen gemacht, welche man nach der Hand nicht hielt. Sie finden sich auch in dem interpolierten Text des Otto von Freising VII, 23. — 4) Es handelte sich um die Rückgabe des Herzogthums Sachsen.

stellen laſſen, als wenn Heinrich auf Einiges von dem, was er von Kaiſer Lothar empfangen und noch im Beſitz hatte, Verzicht leiſtete. Da ſich der Herzog deſſen weigerte und es lieber auf den ungewiſſen Zufall ankommen laſſen wollte, ſo wurde die Unter=redung abgebrochen, ohne daß man zu einer friedlichen Verſtändigung kam. Da nun der König befürchtete, es wäre ein Anſchlag gegen ihn im Werk, ſo entfloh er mit Wenigen, ohne ſich bei einem der Fürſten zu verabſchieden, indem er ſich nach dem Abendeſſen ſtellte, als ginge er ſchlafen, die Pferde aber bereits herbeigeführt waren; und während er ſein übriges Heer in großer Gefahr zurückließ, kam er nach Würzburg. Daſelbſt wurde der Herzog nach dem Urtheils=ſpruch einiger Fürſten geächtet und ihm ſeine Herzogthümer abge=ſprochen.[1]) Der Herzog eilte alſo einen Tag, nachdem der König Augsburg verlaſſen, und nachdem er ſeine Verhältniſſe ſo gut es in der Eile ging geordnet hatte, mit geringer Begleitung[2]) nach Sachſen. Der König aber übergab das Herzogthum Sachſen dem Markgrafen Albert, des Herzogs Vetter[3]), und Bayern, als er ſpäter dahin kam, Leopald, dem Sohne des Markgrafen Leopald, ſeinem Bruder von mütterlicher Seite.[4])

25. Heinrich kam alſo nach Sachſen, theilte ſeinen Getreuen und Freunden ſeinen Fall und ſeine mißliche Lage mit und forderte ſie auf, dem Kaiſer und Albert Widerſtand zu leiſten. Mit Bei=hilfe derſelben, wie nicht minder jener ſeiner Anhänger, welche ihm aus Bayern und Schwaben gefolgt und ſcheinbar als Pilger in dies Land gekommen waren, demüthigte er dieſen Albert in kurzer Zeit ſo[5]), daß er ihn zwang, nachdem er ſeine Burgen gebrochen und das Land ringsum verwüſtet war, ſich um Hilfe an den König zu wenden. Mittlerweile unterwirft Markgraf Leopald, nachdem

---

1) Dies geſchah erſt an Weihnachten zu Goslar, wie Otto von Freiſing, dem auch hier einige Ausdrücke entnommen ſind, richtig ſagt. Auch ſpricht er nur von einem Her=zogthum, und der Zuſatz quorundam findet ſich nur im interpolierten Text. — 2) „nur von vier Genoſſen begleitet" ſagt Otto von Freiſing. — 3) ſ. Cap. 15. — 4) Agnes, die Tochter Kaiſer Heinrich IV., war in erſter Ehe mit Friedrich I., Herzog von Schwaben, und in zweiter Ehe mit Leopald III. Markgrafen von Oeſterreich vermählt. — 5) Aus dem interpolierten Text Otto's.

er das bayerische Herzogthum vom König empfangen und fast alle dazu gehörige Barone aus Neigung oder Furcht ihm zugefallen waren, zuerst Regensburg seiner Botmäßigkeit; darauf sammelt er ein Heer und durchzieht die oberen Gegenden Bayerns[1]) bis zum Lech, kehrt aber, nachdem er einige der Seinen verloren, eilends zurück. Nicht lange darauf [wollte Herzog Heinrich, nachdem er alle seine Angelegenheiten in Sachsen gut geordnet hatte, nach Bayern zurückkehren, erkrankte aber und starb[2]) und wurde daher in Königslutter bei seinem Schwiegervater begraben. Nach seinem Tode erhoben sich die Sachsen aus Liebe für seinen unmündigen Sohn, welchen er ihnen noch lebend empfohlen hatte, auf's Neue gegen den König. Leopold dagegen hoffte von nun an das bayerische Herzogthum in seiner Gewalt zu haben, da er aber ohne die nöthige Vorsicht vor der Burg Valeia[3]) lag, welche zwei Brüdern[4]), die es mit Heinrich gehalten, gehörte, kam des Herzogs Bruder Welf mit gesammeltem Heere herbei und zwang ihn tapfer kämpfend, nachdem auf beiden Seiten Mehrere gefallen] und Viele gefangen waren, zu schimpflicher Flucht. Welf selbst behauptete nämlich, das genannte Herzogthum gehöre nach Erbrecht ihm und da er beim König nicht zu seinem Recht gelangen konnte, rüstete er sich zum Widerstand. Deshalb belagerte der König um dieselbe Zeit seine Burg Winisperch.[5]) Als aber Welf in der Woche vor Weih= nachten [mit einem gesammelten Heere unvermuthet einen Angriff unternahm, fielen einige seiner Leute, viele wurden gefangen[6]) und nur mit wenigen entfloh er aus dem Gefecht. Nicht lange darauf starb Leopold und sein Bruder Heinrich folgte ihm in der Mark. Der König gab ihm, als er nach Sachsen kam und Friede mit diesem Lande schloß, die Wittwe Herzog Heinrichs zur Gemahlin und überließ ihm das bayerische Herzogthum.[7]) Dies wurde der Anlaß

---

1) „Ganz Bayern" sagt Otto, VII, 25. — 2) Zu Quedlinburg; nach Angabe des sächsischen Annalisten an Gift. — 3) Valley, oberb. B. A. Miesbach. — 4) Die Grafen Gebehard und Counrad, Söhne des Grafen Otto von Vallei, waren Enkel des Grafen Arnulf von Dachau aus dem Hause Scheyern. — 5) Weinsberg, O. A. gl. N. im württemb. Neckarkr. — 6) Otto sagt nur, daß Welf viele Leute verloren habe. — 7) Die Vermählung Heinrichs mit Gertrud fand 1142 am 10. Mai zu Frankfurt statt, seine

der ärgsten Händel. Welf, welcher, wie bereits gesagt, das Herzogthum für sich verlangte, kam sogleich und unter den Augen Heinrichs in jene Gegend und kehrte erst nachdem überall Alles[1]) verwüstet war, zurück. Darüber erzürnt sammelte Heinrich ein Heer, drang in das Gebiet jener, welche es mit Welf hielten und zerstörte ihre Burgen und Dörfer. Als ihm Welf, nachdem er sein Heer wieder in Stand gesetzt, entgegenziehen wollte, hörte er, daß der König im Anmarsch wäre, und wich zurück. Darauf belagerte Heinrich zugleich mit dem König die dem Grafen Counrad[2]), einem Anhänger Welfs gehörige Burg] Tachouwe[3]), [nahm sie, nachdem Alles im Umkreis verwüstet war, mit Hilfe des Königs ein und verbrannte sie]. So litt jene ganze Provinz unter der größten Kriegsnoth. 1142

26. Als Roger, der König von Sicilien, von diesen Kämpfen zwischen Welf und dem König hörte, sandte er Welf Geschenke und hetzte diesen noch mehr gegen denselben auf, versprach auch eidlich, ihm jährlich tausend Mark zu diesem Zweck zu bezahlen, weil er besorgte, wenn die Fehde beendet wäre, könnte Counrad eines Tages nach Italien kommen, wo er dann von diesem Gleiches, wie von Lothar zu erdulden hätte. Auch der König von Ungarn[4]), welcher Counrad fürchtete, rief Welf zu sich und feuerte ihn nicht minder zum Widerstand an, indem er ihm eine bedeutende Geldsumme gab, mit dem Versprechen, dies alljährlich zu wiederholen. Welf also zeigte sich als tapferen Ritter und erregte bald in Bayern, bald im jenseitigen Schwaben, bald am Rhein so viele Kriegsstürme, daß er den König nöthigte, mehr an seine eigene Vertheidigung als an den Angriff gegen fremde Völker zu denken.

27. Um diese Zeit trat das Volk der Franken mit seinem 1147.

Belehnung mit Bayern erst Anfangs 1143, wonach das in der Chronik von Sanct Peter (S. 26, A. 10) gesagte zu berichtigen ist. — 1) parte provinciae sagt Otto. — 2) Sohn des Grafen Counrad I. und Enkel des Grafen Arnulf von Dachau. — 3) Dachau, oberb. B. A. gl. N. — 4) Geisa II. König Counrad begünstigte die Ansprüche, welche Geisa's Verwandter Boris auf den Thron von Ungarn machte und hatte im Jahre 1146 bei seinem Aufenthalt in Bayern den letzteren empfangen. Demnach sind Geisa's Anerbietungen wohl nicht vor 1146 gemacht worden.

König Loudewig und das Volk der Deutschen mit seinem König Counrad und anderen Fürsten, Friderich, dem Herzog der Schwaben[1]), der später Kaiser wurde, Bischöfen, Grafen und Leuten aller Stände wegen der Bedrängnisse der überseeischen Kirche[2]) den Feldzug nach Jerusalem an. Dies trieb auch Welf an, mitzuziehen, obwohl die Fehde noch nicht zu Ende war. Sie brachen also auf im Jahre nach der Geburt des Herrn 1147 und führten ein unzählbares Heer durch Ungarn und Griechenland. Dasselbe wurde mit Ausnahme der Fürsten und anderer vorsichtigerer Leute durch Mangel, Hitze, Ungewohnheit der Speisen, sowie durch Angriffe der Saracenen fast gänzlich aufgerieben, ohne etwas ausgerichtet zu haben. Bei diesem beschwerlichen Zuge kam Counrad seinem Waffenbruder Welf, wie er ihn zu nennen pflegte, sehr oft in seinen Nöthen zu Hilfe und theilte ihm von Allen mit, was ihm der Kaiser[3]) von Constantinopel aus seinem eigenen Besitz darbot. Als sie endlich nach Jerusalem kamen, erkrankte Welf, während Andere unter König Counrad gegen Damascus zogen, gab die Hoffnung auf und schickte sich zur Rückkehr an. Nachdem er über das Meer gefahren, kam er als Wiedergenesender nach Sicilien. Daselbst empfing ihn Roger unter dem größten Jubel seines Hauses und nachdem er ihn durch die reichsten Geschenke zu wiederholter Auflehnung gegen Counrad bestimmt hatte, entließ er ihn mit Ehren.

28. Dieser sammelte also in dem Winter nach seiner Heimkehr um die Zeit von Mariä Reinigung ein Heer, fiel in's Gebiet des Königs ein und bedrängte seine Burg Flohperch[4]) durch tapferen Angriff; als er aber auf dem Rückwege sein Heer allzu ungeordnet führte, wurde er von den Rittern des Königs umringt und da nur einige von den Unseren sich am Kampfe betheiligten, während die übrigen allenthalben zerstreut waren, mußten sie mehr durch diesen Unfall als wegen der Heftigkeit dieses Angriffes die

---

1) Vielmehr dem Sohne des Herzogs der Schwaben. — 2) Insbesondere wegen der an Weihnachten 1144 erfolgten Eroberung von Edessa. — 3) Manuel. — 4) Flochberg würtemb. Jaxtkr. O A. Neresheim.

Flucht ergreifen, und so kamen sie mit Verlust vieler Gefangenen, aber ohne daß einer gefallen wäre, schmachbedeckt zurück. Damit endigte die lange und erbitterte Fehde zwischen ihm und dem König, denn Friderich, des Königs Bruders- und Welfs Schwestersohn, machte sich zum Vermittler eines Friedens und entschied nach sorgfältiger Ueberlegung, daß dem Herzog die Gefangenen zurückzugeben wären, der König aber in Hinkunft sicher vor demselben sein sollte. Der König befolgte also den gegebenen Rath, gab Welf einige Einkünfte aus dem königlichen Besitzthum mit dem Gute Marbingen[1]) und nachdem auf diese Weise der Friede geschlossen war, hinterließ er, bald darauf aus dem Leben scheidend, seinem Brudersohn Friderich das Reich. Dieser gab seinem Oheim Welf die Mark Tuscien, das Herzogthum Spoleto, das Fürstenthum Sardinien und die zum Hause der Gräfin Mahtilde gehörenden Güter zu Lehen; die Einkünfte aus dem königlichen Besitzthum, deren wir bereits gedacht, behielt er nichts destoweniger.

29. Nach Empfang der genannten Würden begab er sich nach Italien, durchzog die Städte, Burgen und Dörfer im gesammten Mahtildischen Hausgut und beschäftigte sich im bürgerlichen Rechtsverfahren mit den Angelegenheiten des Landes. Dahin kamen Gesandte aus allen Städten Tusciens, sowie auch aus allen Städten von Spoleto, brachten angemessene Geschenke und sagten freiwillige Unterwerfung zu. Mit ihnen schickte er seine eigenen Boten in alle Städte, versprach, in kurzer Zeit zu kommen, und kehrte dann, nachdem er seine Verhältnisse geordnet hatte, zurück. Später kam er wieder mit dem Kaiser[2]) an der Spitze eines Heeres in's Land und blieb bei der Belagerung von Crema bis zur Zerstörung dieser Burg. Von da führte er seine gesammte Streitmacht nach Tuscien und hielt einen stark besuchten Tag bei Sanct Genesius.[3]) Daselbst gab er den Baronen jenes Landes

---

1) Mertingen schwäb. B. A. Donauwörth. — 2) Der Kaiser brach im Juni 1158 nach Italien auf, Welf folgte ihm nach Angabe der Jahrbücher von Weinsberg erst gegen Ende September 1159. — 3) San Ginesio, unweit San Miniato zwischen Pisa und Florenz.

sieben Grafschaften mit eben so vielen Fahnen, den Uebrigen, welche
gleichfalls aus Städten und Burgen bei ihm zusammenströmten,
gab er jedem das Seine. Zugleich nahm er das ihm Gebührende,
was einzelne Städte unrechtmäßiger Weise an sich gezogen hatten,
zurück. Nachdem er endlich die Versammlung entlassen hatte, zog
Mrz. er am Charsamstag in Pisa ein, bei welchem Anlaß die Stadt
die größte Pracht entfaltete. Daselbst feierte er sehr vergnügt
Ostern. Von hier abgereist wurde er mit nicht geringerer Freuden=
bezeugung von den Luccanern empfangen. So von allen Städten,
in welche er kam, ehrenvoll aufgenommen und bewirthet, besorgte
er kraftvoll die Geschäfte des Landes und nachdem er in allen ihm
gehörigen Burgen und Dörfern einige von seinen Leuten zurück=
gelassen, richtete er seinen Zug gegen Spoleto. Als auch hier
Alles auf's Beste geordnet war, übergab er seinem Sohne Welf
jenes Land und das ganze ihm gehörige Italien, ließ bei ihm die
brauchbarsten seiner Leute und kehrte durch das Thal von Trient
heim. Der jüngere Welf nahm also Besitz von dem Lande und
machte sich bei allen durch festen Sinn, strenges Recht und außer=
ordentliche Freigebigkeit und Leutseligkeit beliebt. Den Rittern des
Kaisers, welche dazumal über die italienischen Städte gesetzt waren,
widersetzte er sich auf alle Weise, so oft sie den Versuch machten,
ihre Grenzen mit ungerechter Bedrückung zu überschreiten, und zog
sich dadurch einigemale die Ungnade des Kaisers zu; aber die
Gunst des Volkes erwarb er sich um so mehr und machte sich alle
Städte geneigt.

1164.   30. **Von dem fluchwürdigen Kampfe bei Tübingen.**
Mittlerweile ließ der Pfalzgraf Hugo von Tübingen[1]) in der
Grafschaft, die er von seinem[2]) Vater zu Lehen hatte, einige
seiner Ministerialen, welche, wie man sagt, ungerechter Weise ver=
urtheilt waren, aufknüpfen und ihre Burg Moringen[3]) zerstören.[4])

---

1) Hugo Graf von Tübingen war Pfalzgraf in Schwaben. — 2) Welfs Vater
Heinrich. — 3) Möhringen auf den Filbern würtemb. Neckarkr. O. A. Stuttgart. —
4) Otto von Sanct Blasien berichtet uns zum Jahre 1164, der Pfalzgraf habe „drei
Räuber" bei Möhringen gefangen genommen, zwei derselben, welche seine Leute waren,
wieder freigegeben, den dritten aber, einen Lehensmann Welfs hängen lassen.

Da Herzog Welf hierwegen Klage gegen ihn erhob, erhielt er von demselben, der äußerst friedfertig war, eine demüthige Antwort und stand also von einem Angriff ab, ohne jedoch seine Klage aufzugeben. Nach einiger Zeit rief der Vater seinen Sohn aus Italien zurück um selbst dahin zu ziehen und die Geschäfte des Landes in eigener Person zu besorgen, weshalb er seinem Sohne sein ganzes Vatergut, sowie alle Besitzungen, welche ihm von mütterlicher Seite gebührten, vollständig übergab. Und so kam es, daß Welf, als sein Vater sich entfernt hatte, die genannte Klage erneuerte und den Pfalzgrafen, um Genugthuung zu erlangen, wiederholt mahnte. Dieser aber verließ sich weniger auf seine und der Seinen Kräfte, als auf Herzog Friderich, den Sohn König Counrads, der ihn auch aufhetzte, gleichsam aus Neid um Welfs Ruhm und um dessen lobwürdige Thaten zu verkleinern, und gab statt der Genugthuung eine trotzige und drohende Antwort, wodurch der Jüngling zur Anwendung von Gewalt veranlaßt und ganz Schwaben mit schwerem Unglück und kläglicher Verwüstung heimgesucht wurde. Welf stellte nämlich seinen Freunden, Verwandten und Getreuen den ihm widerfahrenen Schimpf vor und brachte Alle dazu, ihm freudigen Herzens Hilfe zu leisten. Es kommen also an der Spitze ihrer Kriegsleute zusammen: die drei Bischöfe von Augsburg, Speyer und Worms [1]), Berthold, der Herzog von Zäringen, Berthold Markgraf von Vohburg, Herimann Markgraf von Baden, Roudolf Graf von Phullindorf [2]), Albert Graf von Habespurch [3]), zwei Brüder Grafen von Calw, zwei von Berge [4]), Gotefrid und sein Bruder Roudolf von Roumesberch [5]), Hartmann von Kilichperch [6]), Heinrich von Feringen [7]), Counrad, der Vogt von Constanz mit den übrigen Grafen unseres Landes, im ganzen über zweitausend zweihundert Gewaffnete, schlugen am Abend des Sonnabends den 6. September [8]) ihr Lager nicht weit von Tübingen auf und

---

1) Counrad, Gotefrid, Counrad I. — 2) Pfullendorf bad. Seekr. O. A. gl. N. — 3) Habsburg, schweiz. Canton Aargau. — 4) Berg, wirtemb. Donaukr. O. A. Ehingen. — 5) Ronsberg, schwäb. B. A. Oberdorf. — 6) Kirchberg, wirtemb. Donaukr. O. A. Laupheim. — 7) Böhringen im Fürstenthum Hohenzollern. — 8) Der 6. September war

beschlossen, den Tag des Herrn in Ruh' und Frieden zuzubringen. Auf der andern Seite aber waren: Herzog Friderich mit Allen, welche er freiwillig oder durch Einschüchterung hatte auftreiben können, alle Zollern mit vielen Kriegswerkzeugen und sehr viele Andere und sie hatten ihr Heer zusammengehalten und bei sich in der Burg untergebracht. Diese ganze Nacht brachten einige im Gebet, Andere mit angelegentlichem Unterhandeln über die zu leistende Genugthuung und den Abschluß eines Vergleiches zu. Aber durch die Anordnung oder Zulassung des Herrn, welcher Aller Herzen kennt und dessen Gerichte eine große Tiefe sind[1]), nahm die Sache ein anderes Ende. Einige der Unseren nämlich brechen unüberlegt und das Ende nicht bedenkend ohne Wissen der Uebrigen, welche den Tag in Ruhe hinbringen wollten, um die sechste Stunde aus dem Lager hervor und werden mit Einigen von den Feinden, welche in gleicher Tollkühnheit herausgekommen, nahe bei der Burg unter den Augen der Feinde handgemein. Es entsteht also Lärm im Lager, die Unserigen springen auf, greifen zu den Waffen und Jeder sucht den Andern, wie er kann, zuvorzukommen. So geschieht es also, daß die Einen voraneilen, die Anderen nachkommen und fast Alle durcheinander und ohne Ordnung zur Unterstützung der Ihrigen auf dem Kampfplatz erscheinen. Mittlerweile kommen auch die Feinde nicht minder aus der Burg heraus und erwählten sich einen sicheren Platz, so daß sie den Unseren nur einen sehr schweren Zugang lassen, der sich am Ufer des Flusses schluchtartig in die Höhe zieht.[2]) Bald darauf kommt auch der helle Haufen der Unseren in Schlachtordnung heran, wobei Graf Heinrich von Böhringen die Fahne trägt, aber wegen des schwierigen Zuganges gelangen nur Wenige auf den Kampfplatz. Gleichwohl wurde von jenen, welche zum Schlagen gekommen waren, zwei Stunden lang auf's tapferste gestritten, obgleich mit Ausnahme

---

ein Sonntag, da nun aus dem Zusammenhang klar wird, daß unser Geschichtschreiber vom Sonnabend spricht, so ist 6. in 5. zu verbessern. — 1) Psalm 35, 7. — 2) in modum vallis eminentem. Man möchte eine Verwechselung mit valli vermuthen, so daß es ein schmaler Damm gewesen wäre.

eines Einzigen auf keiner Seite Jemand fiel, da Alle durch ihre
Rüstungen so geschützt waren, daß sie viel leichter gefangen ge=
nommen als getödtet werden konnten. Während also diese, wie
berichtet, sich im Handgemenge befinden, ergreifen die Uebrigen die
Flucht und verhelfen so den Feinden zu einem unverdienten Siege,
häufen aber auf sich und ihre Nachkommen bleibende Schande. Als die
Feinde diese Flucht gewahr werden, nehmen sie zuerst die Kämpfen=
den, deren nur wenige entkommen, gefangen und schicken sie in die
Burg, dann verfolgen sie die Uebrigen, welche sie vor sich her=
treiben wie Schafe von der Weide in den Stall, und nahmen
ihnen, um Alles auf einmal zu sagen, neunhundert Gefangene und
eine unermeßliche Beute ab. Die Uebrigen entfliehen unter dem
Schutze der Wälder, Berge und der benachbarten Burgen. Welf
selbst entkommt mit nur drei Begleitern auf die Burg Achalm.

31. Um dieselbe Zeit kam der ältere Welf aus Italien
zurück und als er das Vorgefallene vernommen, war er bemüht,
die Gefangenen auszulösen. Hugo gab dieselben also nach ge=
pflogener Berathung heraus, und nachdem man sich vertragen, blieb
sein Gebiet ein Jahr lang von jedem Angriff verschont. Nach
Ablauf desselben wird der Friede wieder gebrochen und das Land
des Grafen allenthalben verwüstet, zwei seiner Burgen, nämlich
Chelminze [1]) und Willare [2]) werden gebrochen und vierzig seiner
Leute in denselben gefangen genommen. Dadurch sank jenem der
Muth; er rief seinen Beschützer, den Herzog Friderich zu Hilfe
und trieb ihn an, auch den Herzog [3]) von Böhmen um Beistand
anzugehen. Dieser sammelte eine Menge Böhmen und führte
dieses schreckliche, vor Gott und den Menschen hassenswerthe Volk
in unser Land, wobei er ganz Deutschland, vom Genfersee bis
Böhmen zwischen dem Erscheinungsfeste und Mariä Reinigung mit
ihrer abscheulichen Unflätigkeit befleckte und mit der schändlichsten
Plünderung und Brandstiftung heimsuchte, nämlich im Jahre nach
der Menschwerdung des Herrn 1166. Alsbald wurde aber auch

---

1) Kellmünz, schwäb. B. A. Illertissen. — 2) Pfalzgrafenweiler, wirtemb. Schwarzwaldkr. O. A. Freudenstadt. — 3) Wladislaus II., seit 1158 König.

der Trotz des Pfalzgrafen gebrochen. Am Dienstag vor Beginn der Fastenzeit unterwarf er sich auf dem allgemeinen Reichstage zu Ulm in Gegenwart des Herzogs Heinrich, unseres Herrn, und unter den Augen des Kaisers selbst, sowie Herzog Friderichs dem jüngeren Welf und indem er ihm zu Füßen fiel, ließ er sich ohne Widerstand gefangen nehmen und in Fesseln abführen. Und so blieb er bis zum Tode dieses Welf, nämlich anderthalb Jahre lang, in Haft.

32. Im darauffolgenden Winter um das Erscheinungsfest unternahm der ältere Welf eine Reise nach Jerusalem, empfahl, als er den Kaiser in Italien antraf, seinen Sohn und alle ihm Angehörige in dessen Gnade und feierte Ostern am Grabe des Herrn. Mittlerweile rief der Kaiser den jüngeren Welf zu sich nach Italien, indem er ihn durch viele Verheißungen köderte. Dieser sammelte ein Heer, überstieg um die österliche Zeit die Pyrenäen [1]), indem er seinen Weg über das Joch des Septimers nahm, wo die Flüsse Rhein und Inn entspringen, und kam nach Pavia. Hier fand er die Boten des Kaisers und erhielt von ihnen den verheißenen Sold, dann durchzog er Tuscien, überall sich mit den Angelegenheiten des Landes beschäftigend, und langte um die Mitte des Juli unweit Rom beim Kaiser an. Um dieselbe Zeit begegnete ihm sein Vater auf der Rückreise von Jerusalem zu Rom. Da derselbe die fluchwürdigen Frevelthaten des Kaisers sah, verabscheute er ihn und sein ganzes Heer und kehrte durch das Thal von Trient in seine Heimath zurück. Der Kaiser hatte sich nämlich damals in Rom durch Zerstörung der Kirchen, Niedermetzelung des Volkes und andere Abscheulichkeiten so vieles zu Schulden kommen lassen, daß die Strafe Gottes von rechtswegen darauf folgen mußte. Der größte Theil des Heeres nämlich ging zu Grund. Der Bischof [2]) von Köln, derselbe, welcher der Anstifter dieses ganzen Unheils und des langedauernden Schismas war, die

---

1) d. h. die Alpen. Beide Bezeichnungen werden von den mittelalterlichen Schriftstellern nicht genau unterschieden. — 2) Rainald.

Bischöfe von Speyer [1], Regensburg [2], Prag [3], Verden [4] und Lüttich [5] und die übrigen Fürsten, nämlich Friderich, der Sohn König Counrads, Welf, der Sohn Herzog Welfs, Berengar Graf von Sulzbach, Heinrich Graf von Tübingen [6] mit vielen Großen dieses Reiches starben. Fast aller Gebeine wurden, nachdem das Fleisch durch Kochen abgelöst war, in die Heimath gebracht. Auch die Gebeine unseres Welf wurden übertragen und in dem von seinem Vater gegründeten Kloster Steingadem [7] bestattet.

1) Gotefrid II. — 2) Eberhard. — 3) Daniel I. — 4) Hermann. — 5) Alexander III. — 6) Bruder des Pfalzgrafen Hugo II. — 7) Steingaden, oberb. B. A. Schongau.

Steingadener Fortsetzung.

Da der ältere Welf nach dem Tode seines Sohnes von seiner Gemahlin keinen Erben mehr zu erwarten hatte, weil er sie nicht sehr liebte und den Umgang mit anderen Frauen vorzog, war er nur darauf bedacht, glänzend zu leben, das Waidwerk zu betreiben, sich an Gastmählern und anderen Genüssen zu erfreuen und sich durch Veranstaltung von Festlichkeiten sowie durch verschiedene Schenkungen freigebig zu erweisen. Damit ihm die Mittel zu solchen Dingen nicht fehlten, übergab er dem Kaiser Friderich, seinem Schwestersohn, das Fürstenthum Sardinien, das Herzogthum Spoleto, die Mark Tuscien und den herrlichen Hof Elisina, welcher Hausgut der Frau Mahtildis genannt wird, mit allem dazu Gehörigen und empfing von ihm so viel Gold und Silber, als er verlangt hatte. Einen bedeutenden Theil von diesem Geld vertheilte er an verschiedene Klöster zum Heil seiner Seele. Am meisten gab er aber der von ihm gegründeten Kirche zu Steingaden. Auch wollte er deren Werkleute, sowohl Maurer als Zimmerer, so lange er lebte, jedes Jahr selbst bezahlen. Um dieselbe Zeit feierte er auch auf der Lechebene jenseits von Augsburg, an dem Gunzenlee genannten Ort, mit großer Pracht das Pfingstfest, wozu er die Großen sowohl von Bayern als von Schwaben geladen hatte, und bewirthete die von allen Seiten her zusammengeströmte Menge auf's Glänzendste. Endlich versprach er nach getroffener Uebereinkunft, seinem Brudersohne, dem Herzog von Bayern und Sachsen, sein ganzes väterliches Erbgut zu übergeben. Nachdem aber Uneinigkeit zwischen ihnen entstanden war, traf er dasselbe Uebereinkommen mit Kaiser Friderich und seinen Söhnen. So besaß also Kaiser Friderich, ein Mann von kluger Voraussicht, nachdem er seinen Oheim soviel es nur möglich war mit Gold und Silber zufrieden gestellt hatte, die ihm übergebene Erbschaft nach Völkerrecht, behielt Einiges davon zum Zeichen seiner Besitzergreifung für sich, belehnte mit dem Uebrigen seinen Oheim und gab noch Einiges von seinem Eigenthum dazu. Welf hatte jedoch einige Güter vorbehalten, welche er schon früher für das Heil seiner Seele Gott zu geben, gelobt hatte; nämlich Bidanshoven [1]) mit Zugehörendem, welches er dem heiligen Petrus in Augia [2]) gab, Berg und Wilare [3]) mit dem Dazugehörigen, welche er dem heiligen Martin in Weingarten bestimmte, Widergeltdingen [4]) und den Hof in Hornem, Sardis [5]) mit allen Rechten, welche er dem heiligen Johannes dem Täufer in Steingaden zur Ausstattung darbrachte.

Damit glauben wir über die Verfügungen, welche der hochedle Mann bezüglich seines Besitzes und seiner ansehnlichen Erbschaft getroffen, genug gesagt zu haben. Jetzt wollen wir in Kürze noch berichten, wie er im Uebrigen gelebt hat. Er hat nämlich an den früheren Festlichkeiten, bei fortwährendem Aufwand, wenig oder nichts vermindert. Den an seinem Hofe befindlichen Rittern und Gefährten verehrte er zu geeigneten Zeiten prächtige Waffen und kostbare Kleider; die Verbannten und Flüchtlinge, woher sie kommen mochten, nahm er gütig auf und unterstützte sie; Manches verschleuderte er in Frauenliebe; nicht minder war er auf Almosengeben bedacht und trug Sorge für Pflege der Armen, insbesondere der Blinden und Aussätzigen. Was weiter? Jemehr er auszugeben bestrebt war, desto mehr würdigte sich die Gottheit ihm zu bescheeren, so daß man mit Recht sagen kann, daß dies der Mann

---

1) Fidazhofen, württemb. Donaukr. O. A. Ravensburg. — 2) Weißenau ebd. — 3) Weiler ebd. — 4) Widergeltingen, schwäb. B. A. Mindelheim. — 5) Der lateinische Text erscheint hier corrupt. Aus dem Zusammenhalte der verschiedenen Lesarten mit der Bestätigungsurkunde (M. B. VI, 492) ergiebt sich, daß der Hof Hornem vielleicht in dem oberbayerischen Dorfe Stadel, zwischen Landsberg und Schongau, Ardis — Schars — aber in Tirol gesucht werden darf.

gewesen, welchem das Glück nicht mit verbundenen sondern mit offenen Augen zugelächelt hat. Endlich suchte auch ihn, nachdem er die Schwelle des Greisenalters bereits überschritten hatte, der Vater der Barmherzigkeit, welcher jeden Sohn, den er aufnimmt, geißelt, mit einer Prüfung heim und ließ ihn erblinden. Diese Geißel ertrug er mit so viel Geduld und Anstand, daß es kaum einigen Wenigen bekannt wurde. Von da an war er noch mehr auf Almosengeben bedacht, hielt sich von seinen gewöhnlichen Vergnügungen zurück, verwandelte seine Begierlichkeit in Mäßigkeit und war mit allem Eifer bestrebt, Geistliche, insbesondere das Kloster Steingaden, zu unterstützen. Auch seine Gemahlin Outa, die hochedle und ganz unbescholtene Frau, rief er von jenseits der Alp zu sich und versöhnte sich mit ihr. Und so verfiel er endlich zu Memmingen, wo er sich häufig aufhielt, in eine schwere Krankheit und beschloß seine Tage im sechsundsiebzigsten Jahre seines Alters mit einer vollkommenen Reue. Von hier wurde er von seinen Ministerialen, welche er noch lebend auf ihr Wort dazu verpflichtet hatte, nach Steingaden gebracht. Bei dieser Uebertragung begegnete ihm bei Buorron[1]) Kaiser Heinrich auf dem Rückweg aus Italien, eine Ehre, welche nach unserem Dafürhalten die Gottheit selbst dem würdigen Fürsten zu Theil werden ließ; der Leichnam wurde dahin gebracht, und der Kaiser nahm in würdiger Weise an der Feier der Exequien Theil. Als aber der Kaiser weiter zog, wurde der ehrwürdige Leichnam unter zahlreicher Begleitung von Aebten, Pröpsten, Klerikern, Adeligen und Rittern, sowohl von seinem eigenen Hause als auch aus der Nachbarschaft, an den bestimmten Platz gebracht, woselbst er von dem Bischof Oudalschalk von Augsburg, seinem vertrautesten Freunde, neben seinem Sohne beerdigt wurde und ruht.

1) Kaufbeuren, schwäb. B. A. gl. N.

Weingartener Fortsetzung I.

[Der König befolgte also den gegebenen Rath, gab Welf einige Einkünfte aus dem königlichen Besitzthum mit dem Gute Mertingen und nachdem auf solche Weise der Friede geschlossen war, hinterließ er, bald darauf aus dem Leben scheidend, seinem Brudersohne Friderich das Reich] und die Reichskleinobien, empfahl seiner Treue seinen unmündigen Sohn Friderich, das Herzogthum Schwaben und sein ganzes Hausgut und ging so im Frieden hinüber.

Kaiser Friderich, der Sohn des Herzogs Friderich und der Jubinta, der Schwester Welfs, regierte vom Jahre nach Menschwerdung des Herrn 1152 an. [Dieser gab seinem Oheim Welf die Mark Tuscien, das Herzogthum Spoleto, das Fürstenthum Sardinien und die zum Hause der Gräfin Mahtilde gehörigen Güter zu Lehen] und Heinrich dem Herzog der Sachsen, dem Sohne seines Oheims Heinrich, gab er das Herzogthum Bayern, welches er seinem Vatersbruder Heinrich von Oesterreich abnahm, zurück, wobei das Abkommen getroffen wurde, daß was früher eine Mark war, von jetzt an ein selbstständiges Herzogthum sein sollte.¹) 1152. 1156 17. Sept.

Codex 1.

Er unternahm eine zweite Heerfahrt nach Italien gegen die ungehorsamen Mailänder, und nachdem er endlich die Thürme der Stadt umgestürzt hatte²), unterwarf er sie im siebenten Jahre 1158 Juni. 8. Sept.

1) Die vorstehend eingeklammerten Stellen sind dem Capitel 28 des Mönchs von Weingarten entnommen. — 2) Mailand wurde durch Mangel bezwungen, die Zerstörung seiner Festungswerke erfolgte erst im Jahre 1162 zugleich mit der Einäscherung der Stadt. Mit Ausnahme dieser Worte ist das ganze Stück bis 1191 nur ein wörtlicher Auszug aus der untenfolgenden ausführlichen Erzählung, die in der zweiten Handschrift erhalten ist.

1159. seiner Regierung. In demselben Jahre entstand nach dem Tode des Papstes Adrian das Schisma zwischen Alexander und Octavian.¹)

Nachdem darauf ein Krieg ausgebrochen war²), verurtheilte der Kaiser Heinrich, den Herzog der Sachsen und Bayern, den Sohn seines Oheims und Brudersohn Welfs, als er durch einen zwei=
1181 jährigen Krieg erschöpft war, zur Verbannung und nahm ihm seine
im Nov. beiden Herzogthümer, seine Lehen und Eigengüter³) ab.

Unter seiner Regierung bemächtigte sich Saladin, der König von Babylonien⁴), ganz Palästina's und nahm selbst Jerusalem,
2. Oct. die Stadt Christi, im Jahre des Herrn 1187. Im dritten Jahre
1189 darauf, um das Fest des heiligen Georg, trat der Kaiser mit
24. Apr. seinem Sohne Friderich, Bischöfen, Grafen und einer unzählbaren Menge auserwählter Ritter die Reise nach Jerusalem an. Er
1190 überwinterte unterwegs in Griechenland, setzte um Ostern mit der
25. Mrz. gesammten Menge über den Arm des heiligen Georg, das heißt das propontische Meer, und kam unter unglaublichen Gefahren der
13. Mai. Seinen um Pfingsten nach Iconium. Als dieses unterworfen war und das ganze Heer sich erholt hatte, setzte er mit größtem Eifer seinen Marsch fort, aber nach dem verborgenen Rathschluß Gottes verliert er das Leben im Gebirge von Ange⁵), im achtunddreißig= sten Jahre seiner Regierung. Sein Sohn, Herzog Friderich, als Anführer über das ganze Heer gesetzt, kam nach Antiochia, be= stattete hier des Vaters Fleisch mit Ehren und nahm die Gebeine
1191 mit sich nach Acharon, wo auch er mit vielen Andern dahin ging.
20. Jan. Kaiser Heinrich, der Sohn Kaiser Friderichs, regierte vom Jahre des Herrn 1191 an.

Im Jahre 1191 am 15. December verließ der edle Welf von Altdorf, der erlauchteste unserer Fürsten, nämlich Herzog Hein= richs und der Wulfhild Sohn, der Bande des Fleisches entledigt,

---

1) s. hierüber Jahrb. v. Marbach z. J. 1180 S. 5. — 2) Der Executionskrieg gegen Heinrich. — 3) Seine Erblande mit den Städten Braunschweig und Lüneburg wurden dem Verbannten gelassen. — 4) Saladin war Sultan von Syrien und Aegypten; Cairo pflegte man damals häufig Babylon zu nennen. — 5) Ein Theil des Taurusgebirges. Der Name scheint aus dem Buch Judith 2, 12 entnommen zu sein.

diese Welt. Mit ihm nahm das Altdorfer Geschlecht ein ruhm=
würdiges Ende. Denn den angeborenen Adel erhöhte er durch
seine Tugenden und wie er mit zeitlichen Würden auf's Reichste
begabt war, so wachte er auch mit allem Eifer über den Zustand
seines geistlichen Lebens. Was weiter? Jeden Tag fuhr er fort
mit Almosengeben und mit seinen milden Gaben kam er in be=
scheidener Weise den Bedürfnissen der Klöster und Kirchen zu Hilfe.
Hauptsächlich ließ er sich gegen das von seinen Vorfahren gegrün=
dete Kloster Weingarten mit ausnehmendem Wohlwollen herab und
schenkte den daselbst Gott und dem heiligen Martin dienenden
Brüdern unter Anderm auch Berg und Weiler mit vielen Leuten
und Allem was dazu gehörte. Den Brüdern in Weißenau gab
er ein Gut in Fidazhofen. Im Gebirge gründete er ein Kloster,
Steingaden genannt, welches er sich zu seiner Begräbnißstätte aus=
ersah, für dessen Einweihung er sorgte und welches er mit einer
reichen Widmung ausstattete. Nachdem er diese Anordnungen der
Reihe nach getroffen hatte, übergab er seinen adeligen Besitz mit
allen Gütern, Vogteien und Ministerialen dem römischen Kaiser
Friderich, seinem Schwestersohn, und dessen Sohn Friderich, dem
Herzog von Schwaben, zum Eigenthum. Als diese aber auf dem
Zuge nach Jerusalem gestorben waren, überließ derselbe Welf
wegen der bestehenden Verwandtschaft und Blutsfreundschaft den
genannten Besitz mit allem Dazugehörigen Heinrich, dem erlauchten
römischen Kaiser nach Erbrecht.

Weit verbreitet hat sich der Ruhm vom Geschlechte der Welfen,
Weh! da stirbt der Letzte des Stamms, der Erste an Tugend.
Und nachdem der Erde entrückt die Blüthe des Adels,
Schwindet gar Vieler Ruhm, es schwindet die goldene Sitte.
Mögen darum die Verwaisten in Asche beklagen den Hingang
Unseres Todten, auch uns bedroht die Sichel des Todes
Und wir schwinden wie Gras, dem abgefallen die Blüthe.

Von der Krönung des Kaisers Heinrich. Im Jahre
nach Geburt des Herrn 1191 zog Kaiser Heinrich, der Sohn

Kaiser Friderichs, begleitet von einem zahlreichen Heere auserwählter Ritter, um Mittefasten in Rom ein und wurde von Papst Celestin am Ostermontag feierlich geweiht. Von Rom abziehend rückte er mit demselben Heer angriffsweise in Apulien ein, zwang einige Burgen und belagerte um die Zeit des August Neapel.¹) Daselbst kam sehr großes Unglück über das Heer; denn in Folge der ungewohnten und ungesunden Luft starben alle Großen und Edle und die beklagenswürdige Seuche nahm so überhand, daß auch der Kaiser selbst schwach und krank wurde, weshalb er nach aufgehobener Belagerung über das Gebirge zurückkehrte und so der Todesgefahr, welcher er gewissermaßen aus dem Wege ging, mit genauer Noth entkam. Er durchzog also die deutschen Länder und als er vernahm, daß Welf gestorben, vereinigte er sein ganzes Erbgut mit seiner Herrschaft.

Von der Gefangennehmung des Königs von England. Im selben Jahre nahm Leopald, Herzog von Oesterreich, den König Richard von England, welcher auf der See nach unbekannten Gegenden verschlagen war, gefangen, weil er vom überseeischen Feldzuge her eine Beschwerde gegen ihn hatte²), und übergab ihn dem Kaiser. Indessen wurde der König, nachdem er sich mit dem Kaiser verglichen hatte³), von demselben mit genügenden Ehren entlassen. Gegen Ende dieses Jahres aber gedachte Kaiser Heinrich des unglücklichen Ausganges seines ersten Feldzuges nach Apulien und beschloß mit größerer Vorsicht seinen Angriff zu erneuern. Indem er einen Reichstag ansagte, berief er alle Fürsten seines Reiches, und da sie zu dem Feldzug willig waren, wird die zweite Heerfahrt nach Apulien beschworen und den Rittern reichlicher Sold gegeben.

Vom zweiten Feldzuge. Im Jahre 1194 sammelte Kaiser Heinrich sein Heer, überstieg um die Zeit der Himmelfahrt des Herrn das Gebirge, wurde von den Mailändern mit größter

---

1) Die Belagerung wurde nach einer Dauer von drei Monaten gegen Ende August aufgehoben. — 2) s. hierüber Otto v. Sanct Blasien, 36. — 3) Nachdem er sich zur Erlegung eines Lösegeldes von hundertfünfzigtausend Mark verstanden hatte.

Prachtentfaltung empfangen und unterwarf sich ganz Apulien mit
starker Hand. Auch Palermo, die Hauptstadt von Sicilien bekam
er in seine Gewalt, nahm Margarita ¹), den verruchten Seeräuber, 20. Nov.
und andere Verräther gefangen und schickte sie bei seiner Rückkehr
vor sich her. Nachdem so beide Reiche, sowohl das der Römer
wie das von Sicilien, in Frieden geordnet waren, fing der glor=
reiche Kaiser an, auf eine Fahrt nach Jerusalem zu denken, und
da er ungewöhnlich reichen Sold versprach, feuerte er Viele dazu
an, die Stadt des Herrn wieder zu gewinnen.

Während dieser Zeit begann Chounrad, der erlauchte Herzog
der Schwaben, eine Fehde gegen Berthold, den Herzog von Zäringen,
wodurch er alle dort herum gelegenen Provinzen beunruhigte. Nach=
dem er aber eben diesem Berthold schon großen Schrecken ein=
gejagt hatte, wurde er vom Tode ereilt und starb im August. ²) 1196
Für seine Ruhe wurden durch Vermittelung der Ministerialen und ¹⁵· Aug.
der übrigen Mannen den Klöstern nicht geringe Freigüter geschenkt.
Unter diesen erhielt das Kloster Weingarten das Gut in Berngart=
ruite ³) mit der Kirche und allem Dazugehörenden wie auch allen
Leuten. Der römische Kaiser, der sich in Apulien befand, wurde
durch diese traurige Botschaft außerordentlich bestürzt; seine Trauer
über den Verlust eines so großen Mannes und seines Bruders
konnte kaum gemildert werden. Endlich nachdem er sich gefaßt
hatte, gab er seinem bei ihm befindlichen Bruder Philipp das
Herzogthum Schwaben. Dieser regierte, obgleich er noch sehr jung
in das Land kam, ganz wacker, nachdem er Herena, die Tochter
des Königs der Griechen⁴), zur Gemahlin genommen, mit welcher
ihn der Kaiser nach der Einnahme von Palermo verlobt hatte,
da sie früher mit ⁵) dem Sohne Dancreds verlobt war. Im Jahre
nach Geburt des Herrn 1197 wurde Phylipp, der erlauchte Herzog
der Schwaben, an Pfingsten an dem Gunzenlee genannten Orte 1197
mit glänzendem Ritterspiel wehrhaft gemacht, wozu alle Fürsten ²⁵· Mai.

---

1) Großadmiral von Sicilien. — 2) Ueber die Veranlassung seines Todes s. Stälin,
Würtemb. Gesch. II, 129, A. 3. — 3) Bergatreute, württemb. Donaukr. O. A. Waldsee. —
4) Irene, Tochter des Kaisers Isaak II. Angelos. — 5) Roger.

jener Gegend geladen und wohin auch seine Gemahlin geführt war. ¹) Einige Zeit darauf versammelte er wieder die Großen des Landes um sich und zog, von den Rittern begleitet, in der Absicht, seinen Bruder und Herrn heimzusuchen ²), über das Gebirge. Daselbst wurde er durch ein schlimmes Zeichen, wie man in den folgenden Zeilen sehen wird, bestürzt und kehrte unter Schwierigkeiten heim. ³)

Im Jahre nach Menschwerdung des Herrn 1197, hatte der römische Kaiser Heinrich das Reich von ganz Sicilien, Apulien und Calabrien in seiner starken Hand und Niemand widerstand ihm. Nachdem er aber, wie man sagt, vielen Nachstellungen der Eingeborenen entgangen war, die Fürsten und Tyrannen des Landes abgesetzt und ihre Burgen und festen Plätze gebrochen hatte, ereilte 28.Sept. ihn der Tod und er beschloß seine Tage.

Hoch vom Himmel herab erglänzt ein herrliches Sternbild,
Welches der Schöpfer höher gestellt, als die andern Gestirne;
Heller leuchtet am Himmelsthron die strahlende Sonne
Und der gehörnte Mond verscheucht das nächtliche Dunkel.
Königlichem Geschlecht entstammen fünf andere Sterne,
Merke Dir's, Sonne und Mond sind ihnen Vater und Mutter. ⁴)

Codex 2.

1153. Im zweiten Jahre [wurde ⁵) zu Constanz die Scheidung zwischen Kaiser Friderich und Abila, der Tochter des Markgrafen 1154 Diopald] von Vohburg vollzogen. Im darauffolgenden Jahre Anf.Oct. [unternahm Friderich den Zug nach Rom] mit seiner Gemahlin

---

1) Die Vermählung Philipps erfolgte gleichzeitig mit seiner Wehrhaftmachung zu der von unserer Fortsetzung angegebenen Zeit. — 2) Herzog Philipp sollte, wie Otto von Sanct Blasien berichtet, seinen unmündigen Neffen Friderich zur Krönung durch den Erzbischof Philipp von Köln abholen. Die Nachricht vom Tode seines Bruders traf ihn Otto zufolge in Rom, nach andern Quellen bereits in Montefiascone, nordwestlich von Viterbo am Bolsenasee. — 3) Mit dem Tode des Kaisers erhoben sich die Italiener gegen die Deutschen und wurden deren mehrere aus der Begleitung Philipps getödtet. — 4) Kaiser Friderich und seine Gemahlin werden hier als Sonne und Mond dargestellt und deren fünf Söhne als fünf von ihnen geborene Sterne. — 5) Die hier eingeklammerten Stellen sind den Jahrbüchern von Weingarten entnommen.

Beatrix, der Tochter des sehr reichen Grafen von Sanct Egidien ¹), [und erhielt vom Papst die kaiserliche Weihe. Er ging am Feste des heiligen Michael fort und kam nach einem Jahre um dieselbe Zeit wieder zurück.] Darauf [zog der Kaiser um Pfingsten zum zweiten Male nach Italien wegen der ungehorsamen Mailänder. Weil er sie aber nicht leicht besiegen konnte, folgten die Fürsten, welche daheim geblieben waren, im darauffolgenden Jahre nach, und zwar Heinrich, der Herzog der Bayern und Sachsen an Pfingsten mit zwölfhundert, Welf aber um das Fest des heiligen Michael mit dreihundert deutschen Panzerreitern; im Jahre 1159.] In diesem Jahre starb Papst Adrian seligen Angedenkens und nachdem Alexander kanonisch erwählt war, begann das gefährlichste Schisma zwischen ihm und Octavian. Um dieselbe Zeit [wurde am Feste des heiligen Clemens zu Constanz die Ehescheidung zwischen Herzog Heinrich und seiner Gemahlin Clementia, der Tochter Herzog Counrads ²) vollzogen.]

Damals kehrten die Gesandten des Kaisers aus der Stadt Constantinopel zurück ³) und brachten in darauf bezüglichen Briefen Einiges, was mehr zum verwundern als zum glauben war, und zwar nach dem Bericht des Bischofs ⁴) von Gabula ⁵) in Syrien. Nämlich [daß ein gewisser Priester Johannes, welcher jenseits von Persien und Armenien, im äußersten Osten als König und Priester wohne und sammt seinem Volk ein Christ, obwohl ein nestorianischer sei, zwei Brüder, die Könige der Meder und Perser, Samiarden genannt mit Krieg überzogen und zu Ekbatana ⁶) den Sitz ihrer Herrschaft erobert habe. Als ihm die genannten Brüder mit den Heerschaaren der Meder, Perser und Assyrer entgegen gezogen, wurde drei Tage lang gekämpft, da beide lieber sterben als fliehen

---

1) Die Vermählung Kaiser Friderichs mit Beatrix, der Tochter Rainalds von Burgund fand erst am 10. Juni 1156 zu Würzburg statt, mithin ist was hier über ein Mitnehmen derselben zu Friderichs erstem Römerzuge berichtet wird falsch. — 2) Von Zähringen. — 3) Von dieser Gesandtschaft des Kaisers ist sonst nichts bekannt. Nach Otto von Freising (VII, 32) waren es „Gesandte der armenischen Bischöfe und ihres Metropolitanbischofs", welche die Nachrichten aus dem Orient überbrachten. Die hier eingeklammerte Stelle ist der Chronik Otto's VII, 33 entnommen. — 4) Hugo. — 5) Djebel, Sandschak gl. N. auf dem Libanon. — 6) Hamadan, perj. Prov. Irak Adschemi.

wollten; endlich blieb Priester Johannes, so pflegt man ihn nämlich zu nennen, als die Perser die Flucht ergriffen, Sieger in diesem blutigen Kampfe. Nach diesem Siege, erzählte er weiter, habe der genannte Johannes der Kirche von Jerusalem zu Hilfe ziehen wollen, als er aber an den Tigris gekommen und daselbst das Heer auf keinem Fahrzeuge habe übersetzen können, so sei er nach Norden gezogen, wo der Fluß, wie er gehört, im Winter zufriert. Daselbst habe er einige Jahre vergebens auf das Gefrieren gewartet, aber wegen der warmen Witterung seinen Zweck nicht erreicht und infolge der ungewohnten Luft Viele von seinem Heere verloren, so daß er genöthigt war, nach Hause zurückzukehren. Man behauptet, er entstamme dem Geschlechte jener Magier, deren das Evangelium erwähnt, herrsche über dieselben Völker, wie jene und erfreue sich so großer Auszeichnung und solchen Ueberflußes, daß er nur ein Scepter von Smaragd führe.] Wie groß aber die Würde und Macht dieses Johannes sei, wird man noch besser ersehen aus dem Briefe, welchen er durch seinen Apocrisiarius [1] an Emanuel, den Kaiser der Griechen geschickt hat. [2]) Doch jetzt wollen wir zu unserem Gegenstand zurückkehren. [3]) [Kaiser Friderich zog

21. Sept. um das Fest des heiligen Matheus zum drittenmal nach Italien [4]) und hatte am Vorabend des darauffolgenden Osterfestes [5]) einen
1176. Zusammenstoß mit den Mailändern bei Alessandria.] Im dritten Jahre darauf [wurde die Einigkeit der Kirche unter Papst Alexander
1177. wieder hergestellt. Im Jahre 1180 zwischen den Festen der Heiligen Gallus und Martin hielt der Kaiser einen Reichstag zu Erfurt [6])

---

1) Der Apocrisiarius war der oberste Geistliche am Hofe der fränkischen Könige, wurde zu schwierigen Missionen verwendet, hatte die Siegel zu bewahren und die Aufsicht über die Hofkanzlei zu führen. Später beschränkte sich seine Thätigkeit auf geistliche Angelegenheiten und gingen seine übrigen Verrichtungen an den Kanzler über. — 2) Dieser (fabelhafte) Brief ist in derselben Handschrift vollständig abgeschrieben; er ist nach mehr als achtzig Handschriften, worunter auch diese, herausgegeben von Fr. Zarncke: Der Priester Johannes. Leipzig, 1879. — 3) Von hier an finden sich die eingeklammerten Stellen wieder wörtlich in den Annalen von Weingarten. — 4) Seinen dritten Römerzug trat Friderich im Spätherbst 1163, den vierten im August 1174 an. — 5) Richtiger am 29. Mai. — 6) Dieser Reichstag wurde erst 1181, wahrscheinlich am 30. November, abgehalten, die Abreise Herzog Heinrichs erfolgte 1182, während seine beiden Herzogthümer allerdings schon 1180 an die von unserem Fortsetzer genannten Fürsten verließen,

und verurtheilte Heinrich, den Herzog der Bayern und Sachsen,] den Sohn seines Oheims, [der durch einen zweijährigen Krieg erschöpft war] nach dem Urtheil der Fürsten [zur Verbannung,] gab das Herzogthum Sachsen Bernhard, dem Sohne des Markgrafen Albert von Anhalde [1]), Bayern aber dem Pfalzgrafen von Witilinspach. [2]) Im vierten Jahre darauf [wurden am Pfingstfeste die Söhne des Kaisers, nämlich König Heinrich und Friderich, der Herzog der Schwaben, zu Mainz wehrhaft gemacht.

1184
20. Mai

Im August desselben Jahres zog der Kaiser ohne Heer nach Italien und wurde von den Veronesen und Mailändern mit den größten Ehrenbezeugungen empfangen.

Im Jahre darauf kehrte Heinrich, der Herzog der Sachsen, nach dem Feste des heiligen Michael aus England zurück,] beraubt seiner beiden Herzogthümer, seiner Lehen und selbst seiner Erbgüter, Braunschweig und Lüneburg mit dem Dazugehörenden ausgenommen.

Um diese Zeit kam, wie erzählt wird, der Saracene Saladin, König von Babilonien, mit einem unermeßlichen Heere über den Jordan, bemächtigte sich ganz Palästinas und der Seeküste und nahm selbst die Stadt Christi, Jerusalem, und die übrigen Städte und Burgen mit Ausnahme von Tripolis, Sôr, das auch Tyrus heißt, Antiochia und einigen wenigen Burgen. Dieses klägliche Ereigniß ließen die Fürsten der überseeischen Kirche und die übrigen Bekenner der christlichen Religion mit Weinen und Klagen dem römischen Papst und dem durchlauchtigsten Kaiser zu Ohren kommen. Um das Fest des heiligen Clemens aber verbreitet sich der Inhalt eines Briefes, welcher diesen schmählichen Fall ausführlich schildert, wie folgt:

1187
2. Oct.
23. Nov.

„Es geschah am ersten Tage des Mai, daß der ehrwürdige „Bruder Gyrardus de Bidefort, Großmeister des Templerordens,

---

das Herzogthum Sachsen aber getheilt wurde. (S. bezüglich der Theilung Jahrb. v. Marbach, S. 4, A. 4. — 1) Anhalt. Die Ruinen der Burg nächst Ballenstedt im Fürstenthum Anhalt. Bernhard war der Sohn Adalberts von Ballenstedt, Markgrafen der Nordmark, welcher bereits 1138 von König Conrad mit dem Herzogthum Sachsen belehnt wurde, sich aber damals nicht behaupten konnte. — 2) Wittelsbach, oberb. B. A. Aichach.

„Bruder Hurso, Seneschall¹) dieses Hauses, Bruder Robbertus
„Frauiel, Marschall, und Bruder Laquilinus de Mali, ein tapferer
„Ritter, ferner der ehrwürdige Bruder Rogerius de Molina, Groß=
„meister der Hospitaliter, und andere Brüder nach Tyberias gingen,
„um mit dem Grafen von Tripolis, welcher gegen den König von
„Jerusalem Böses im Schilde führte²), Frieden zu schließen. Die
„Türken hatten aber ein sehr zahlreiches Heer Barbaren gesammelt
„und drangen am selben Tage in aller Frühe in das Gebiet von
„Nazareth ein, Alles verwüstend und plündernd von dieser heiligen
„Stadt an, in welcher der Engel Gabriel der seligsten Jungfrau
„erschienen, bis nach Achor.³) Als diese schreckliche Nachricht den
„genannten ehrwürdigen Botschaftern, nämlich Girardus de Bide=
„fort, dem Großmeister des Tempels, dem Großmeister des Hospi=
„tals und den übrigen zu Ohren kam, fragten sie den Herrn der
„Heerschaaren um Rath und setzten auf ihn, in dessen Hand der
„Sieg liegt, ihr Vertrauen, und indem sie sich der Thaten der
„Vorfahren erinnerten, sammelten sie ein kleines Häuflein Christen,
„um damit das Erbgut Christi zu vertheidigen. Sie zogen also
„von einer dem Tempel gehörigen Burg, welche Faba genannt
„wird⁴), aus, nahmen ihre Richtung gegen die Feinde des Ge=
„kreuzigten und begegneten ihnen jenseits Nazareth an dem Casel
„Robert⁵) genannten Ort. Sofort stärkten sie sich mit dem Zeichen
„des heiligen Kreuzes und mit dem Rufe: „Christus ist unser
„Leben und Sterben unser Gewinn!" griffen sie dieselben an. Aber
„wegen der Sünden der Christen gab sie der Herr in die Hand
„ihrer Feinde und es fielen auf dem Schlachtfelde der Großmeister
„der Hospitaliter, Bruder Robbertus Frauiel, Bruder Laquelinus
„de Mali und mehrere andere tapfere Ritter; einige wenige aber

---

1) Truchseß, Speisemeister. — 2) Nach dem Tode des unmündigen Königs Balduin V. waren zwischen dessen Stiefvater Guido von Lusignan, welchen der Patriarch Heraclius als König gekrönt, und dem von Balduin IV. zum Reichsverweser ernannten Grafen Raimund von Tripolis Streitigkeiten ausgebrochen. Raimund rief den Sultan Saladin zu Hilfe, welche zu leisten dieser um so bereitwilliger war, als der zwischen ihm und dem Königreich Jerusalem abgeschlossene Waffenstillstand erst kürzlich von christlicher Seite gebrochen war. — 3) Acharon, Acca. — 4) Auf dem Wege von Neapolis (Sichem) nach Nazareth in der Ebene von Esdrelom. — 5) Castel Roberti, nördlich von Nazareth.

„wendeten den Rücken und ergriffen die Flucht. Die Feinde Christi
„sammelten also die Waffen der Gefallenen und gingen über den
„Jordan zurück. Was weiter? Von da an beunruhigte vor den
„Thoren das Schwert und im Inneren die Furcht. Mittlerweile
„kehrte Saladin, nachdem er Saaten und Bäume verbrannt und
„die Rebstöcke in den königlichen Weinbergen ausgerissen hatte, nach
„Damascus zurück, verstärkte hier sein Heer, welches nicht mehr zu
„zählen war, und zog an die Brücke von Tyberias. Daselbst
„schlug er Zelte auf und blieb, bis er nach längerer Zeit mit
„seinem ganzen Heere herüber kam, Tyberias belagerte und die
„Stadt am dritten Tage erstürmte. Der König von Jerusalem
„aber der bei der Quelle von Saforia [1]) ein Lager geschlagen
„hatte, beschloß, als er den Kriegslärm vernahm, nach dem Rathe
„der Templer, Hospitaliter und anderer braver Männer, seine
„Schaaren zu ordnen und der Stadt zu Hilfe zu kommen. Als
„Saladin vernahm, daß der König im Anmarsch wäre, zog er ihm
„entgegen und beide Heere stießen aufeinander. Da schmetterten
„die Trompeten, stampften die Rosse und der Herr machte seinem
„Volke durch das Schwert ein Ende. Was sollen wir noch mehr
„sagen? O Schmerz! Der ehrwürdige Bernardus, Bischof von
„Lidda [2]), erleidet den Martertod indem ihm das Haupt abge=
„schlagen wird, und Herr Rufinus, Bischof von Acca, welcher das
„Kreuz des Herrn trug, wird von einem Pfeile verwundet und
„stirbt. Das Kreuz des Herrn selbst aber, an welchem Blut und
„Wasser aus seiner Seite geflossen ist, wird erbeutet, der König in
„die Gefangenschaft abgeführt, der Großmeister des Tempels, Aymeri=
„cus, des Königs Bruder [3]) und der Connetabel Reynaldus [4]), der
„sehr edle Fürst, welchen Saladin mit eigener Hand tödtete, und
„andere Christen, deren Namen anzuführen zu weitläufig wäre,
„sowohl Knechte wie Ritter, Weltliche wie ehrwürdige Brüder vom
„Tempel und vom Hospital, lassen ihr Leben in Vertheidigung der

---

1) Zephoris, ebenda. — 2) Auch Diospolis genannt, auf dem Wege von Joppe
nach Jerusalem. — 3) Aymericus, Amalrich, starb erst 1206 als König von Cypern. –
4) De Chatillon.

„Chriſtenheit, einige von Pfeilen getroffen, andere von Lanzen durch=
„bohrt, wieder andere mit Schwertern niedergemacht. Da nun
„der genannte Tyrann die Kraft des heiligen Kreuzes erproben wollte,
„ließ er es in Gegenwart der Fürſten ſeines Heeres in ein ſtarkes
„Feuer werfen; als es aber alsbald wieder hervorkam, erſchrak
„er und befahl, daſſelbe in ſeiner Schatzkammer ſorgfältig und ehr=
„erbietig aufzubewahren. Dies thun wir euch alſo zu wiſſen mit
„der flehentlichen Bitte, daß ihr dem Lande, welches Chriſtus durch
„ſein Blut geheiligt hat, mit Rath und That zu Hilfe eilen und
„nicht dulden wollet, daß daſſelbe von den Feinden Chriſti noch
„länger beſudelt werde. Dies geſchah aber im Jahre nach Menſch=
„werdung des Herrn 1187."

1188
27. Mrz.
Im darauffolgenden Jahre hielt Friderich, der römiſche Kaiſer, am Sonntage der Mittefaſten zu Mainz einen Reichstag mit den Fürſten und den Würdeträgern der Kirche. Nachdem daſelbſt der Bericht über das Unglück der überſeeiſchen Kirche vorgeleſen war, nahmen der Herr Kaiſer, ſein Sohn Friderich, Herzog der Schwaben, Biſchöfe, Grafen und eine unzählbare Menge das Kreuz und wurde die Fahrt nach Jeruſalem beſchloſſen.

1189
24. Apr.
Im folgenden Jahre um das Feſt des heiligen Georg trat der Kaiſer mit ſeinem Sohne Friderich, mit Grafen, Biſchöfen und einer unzählbaren Menge auserwählter Ritter die Reiſe an. Er zog durch Ungarn nach Griechenland, überwinterte in Adrianopel und nachdem endlich der Streit zwiſchen ihm und ſeinem Bruder, dem Kaiſer [1]) von Conſtantinopel, beigelegt war, erhielt er von dieſem achthundert Geißeln, welche er bis Iconium mit ſich führen

1190
25. Mrz.
ſollte. Am Oſterfeſte ſetzte das ganze Kreuzheer auf tauſendfünf= hundert Schiffen und zwanzig Galeeren, welche der Grieche geſtellt, in ſieben Tagen über den Arm des heiligen Georg, das heißt das propontiſche Meer, ohne daß auch nur ein Mann in Gefahr ge= kommen wäre. Daſelbſt empfing er angeſehene Geſandte des Sul= tans [2]), die Träger großer Unterwürfigkeit. Endlich kam er um

13. Mai.
Pfingſten nach Iconium, nachdem er, betrogen und verlaſſen ſowohl

---
1) Iſaak II. Angelos. — 2) Kilidſch II. Arslan, Sultan von Iconium.

von den griechischen Geißeln wie von den Gesandten des Sultans, mit den Seinen durch Hunger, Beschwerlichkeit des Marsches und häufige Ueberfälle der Heiden unzählige Gefahren bestanden hatte. Als Iconium unterworfen war und das Heer sich wieder erholt hatte, setzte er mit größtem Eifer seinen Marsch fort. Von dem allerchristlichsten König Leo [1]) und seinem Volke wird er im Gebirge von Ange mit den größten Ehrenbezeugungen empfangen, ertrinkt aber nach dem verborgenen Rathschlusse Gottes in einem Flusse [2]) eben dieses Gebirges und nimmt ein beweinenswerthes Ende im achtunddreißigsten Jahre seiner Regierung. Sein Sohn, Herzog Friderich, als Anführer über das ganze Heer gesetzt, kam nach Antiochia, bestattete hier des Vaters Fleisch mit Ehren und nahm die Gebeine mit sich nach Acharon, wo auch er mit vielen Andern dahin ging.

Kaiser Heinrich, der Sohn Kaiser Friderichs regierte vom Jahre des Herrn 1191 an.

Es lohnt sich der Mühe, hier einzuschalten, daß Kaiser Friderich, als die überseeische Fahrt in Aussicht stand, unter seinen Söhnen eine Theilung getroffen hat, wie folgt: Heinrich, der schon früher als König gekrönt war, vertraute er das Reich an; Friderich übergab er mit dem Herzogthum Schwaben auch das ganze Hausgut der Altdorfer sowohl wie des Grafen Roudolf von Pfullendorf; Counrad gab er mit Eger das Erbgut des Herzogs Friderich, Sohn König Counrads in Wizinburc [3]) und Rotimburc [4]); Otto überließ er außer dem Erbgut seiner Mutter noch einige Lehen; Philipp aber als den jüngsten vertraute er einem Scholaster in Köln an, um ihn zum Kleriker zu erziehen. [5])

Kaiser Heinrich erhielt, nachdem die Fehde zwischen ihm und Heinrich, dem Herzog der Sachsen beigelegt war, dessen beide älteste Söhne [6]) als Geißeln, nahm den ältesten mit sich, als er mit Heeresmacht nach Rom zog, und wurde hier vom Papst gekrönt.

1) Von Armenien. — 2) Dem Salef. — 3) Weißenburg, mittelfr. B. A. gl. N. — 4) Rothenburg a. d. Tauber, mittelfr. B. A. gl. N. — 5) Philipp war Dompropst zu Aachen und erscheint in einer Urkunde vom Jahre 1191 als „erwählter Bischof von Würzburg." — 6) Heinrich und Lothar.

1189
16. Nov.

Als um diese Zeit Willihelm, der König von Sicilien, gestorben war, hatte ein gewisser Tancred¹) das Königreich in Besitz genommen. Diesen beschloß der Kaiser zu vertreiben, wurde jedoch durch den Widerstand der Neapolitaner, mit deren Belagerung er sich abmühte, daran verhindert, und nachdem in seinem Heer eine große Sterblichkeit eingerissen, auch er selbst von höchst gefährlicher Krankheit befallen und ebendaselbst von dem Tode seines Bruders Friderich benachrichtigt war, kehrte er im darauffolgenden Jahre²), kaum genesen, zurück. Der jüngere Herzog Heinrich aber, den er als Geißel dahin mitgeführt hatte, war, unwillig über seine Haft, zu den Neapolitanern entflohen. Nach ihrem Rath und mit ihrer Hilfe entwischte er nach dem Hafen von Marseille und gelangte so durch Gallien zu seinem Vater nach Sachsen.

1191
15. Dec.

Da aber kurz vorher der sehr edle Fürst Welf, der letzte seines Stammes, gestorben war, begegnete ihm bei Kaufbeuren der Kaiser auf dem Rückweg aus Italien; der Leichnam wurde dahin gebracht und der Kaiser nahm in würdiger Weise an der Feier der Exequien Theil.³) Und nachdem er sowohl das Herzogthum Schwaben, wie auch das gesammte Erbgut der Altdorfer einige Zeit lang durch seine eigenen Leute hatte verwalten lassen, gab er endlich seinem Bruder Counrad sowohl das Herzogthum wie auch das genannte Erbgut.

Damals wurde auch der König von England auf seinem Rückweg aus den überseeischen Ländern wider seinen Willen nach Apulien verschlagen und, als er durch Kärnthen und Oesterreich heimzukommen suchte, von Liupold, dem Herzog von Oesterreich

1192
21. Dec.

wegen eines geheimen Hasses hinterlistiger Weise gefangen und dem Kaiser zu Regensburg ausgeliefert. Auf dessen Befehl wurde er in die Rheingegend gebracht und fast ein Jahr unter strenger Aufsicht in der Burg Trivels⁴) verwahrt. Endlich, nachdem er hundert-

---

1) Dancred, Tancred, Graf von Lecce, war ein natürlicher Sohn Rogers, des Vatersbruders des verstorbenen Königs. — 2) Kaiser Heinrich befand sich bereits an Weihnachten 1191 zu Hagenau. — 3) Von „begegnete" bis hieher gleichlautend mit der Steingadener Fortsetzung, S. 42. — 4) Trifels, westl. von Landau in der bayerischen Rheinpfalz.

tausend Mark Silber bezahlt und dem Kaiser gehuldigt hatte, kehrte er frei nach Hause zurück.

Um eben diese Zeit hielt der Kaiser an Pfingsten einen Reichstag zu Mainz¹), auf welchem er seinen Bruder Counrad und Ludewig, den Sohn des Herzogs Otto von Bayern, wehrhaft machte und jedem sein Herzogthum bestätigte. Daselbst erklärte er Heinrich, den Sohn Herzog Heinrichs von Sachsen, der Gnade verlustig und für einen Reichsfeind, und war auf jede Weise bestrebt, seine Verlobte, die Tochter des Pfalzgrafen Counrad, seines Vaters Bruders²), mit dem Bayernherzog Ludewig ehelich zu verbinden. Als aber Heinrich dieses Vorhaben des Kaisers erfuhr, überließ er sich dem guten Glück und eilte mit einigen seiner Getreuen unter dem Schein einer Pilgerfahrt nach der Burg Stålegge.³) Daselbst fand er seine Verlobte und nahm sie mit Hilfe ihrer Mutter zur Gemahlin. Als dies dem Kaiser zu Ohren kam, wurde er sehr böse auf seinen Vatersbruder, den Pfalzgrafen, der damals bei ihm in Speyer war. und ergoß sich in heftigen Zornesausbrüchen und Drohungen. Endlich brachte es der Pfalzgraf mit den Fürsten und seinen Freunden dazu, daß der Kaiser eben diesen Heinrich wieder zu Gnaden aufnahm und ihm, nachdem er ihm den Eid geleistet, die Pfalz mit allen Rechten übergab. Auf diese Weise wurde die bisher dauernde Fehde entschieden.

Darauf nahm der Kaiser seinen jüngsten Bruder Phylipp und seinen Vetter, den Pfalzgrafen Heinrich zu sich und unternahm um Pfingsten⁴), nachdem er die reichsten Geschenke vertheilt, einen Feldzug nach Apulien, entschlossen Sicilien sowohl von der See, wie vom Lande her anzugreifen und einzunehmen. Da aber Dancred bereits den Weg alles Fleisches gegangen war und alle Edle dem heranrückenden Kaiser entgegenkamen, um sich zu unterwerfen, so nahm er sowohl Sicilien, wie Calabrien und Apulien ohne Kampf ein. Endlich verlobte er Hyrene, die Tochter des Kaisers von

---

1) Nicht in Mainz sondern in Worms. — 2) Pfalzgraf Counrad entstammte der zweiten Ehe des Herzogs Friderich II. von Schwaben und war somit ein Halbbruder Kaiser Friderichs I. — 3) Stahled, die Ruinen bei Bacharach, preuß. Rheinpr. R. B. Coblenz. — 4) Er verließ seine Burg Trifels bereits am 12. Mai.

Griechenland, welche noch nicht im mannbaren Alter war, als er sie im Palast zu Palermo fand, mit seinem Bruder Phylipp, nachdem er ihm Tuscien mit Spoleto und dem gesammten Hausgut der Frau Mahtilde zu Lehen gegeben hatte. Und nachdem er so Alles nach seinem Wohlgefallen geordnet, ließ er seine Gemahlin, nämlich die Tochter Rogers, mit dem Söhnchen[1]), das er von ihr hatte, in Sicilien zurück und kehrte im darauffolgenden Jahre heim.

<small>1194 Juni.</small>

Später aber zog er ohne Heer zum dritten Male nach Italien im Jahre des Herrn 1196. Da im selben Jahre sein Bruder Counrad, der Herzog der Schwaben gestorben war, erhielt Phylipp, der jüngste Bruder der Beiden, das Herzogthum und wurde von Tuscien aus zur Nachfolge seines Bruders berufen. Der Kaiser selbst aber ließ während seines Aufenthaltes in Sicilien, sorgfältig auf seiner Hut vor denjenigen, welche nach seinem Königreich trachteten, einen gewissen Riscardus, einen edlen Grafen, auf grausame Weise hängen. Um dieselbe Zeit schickte er eine Botschaft in Betreff des Margarita, der früher ein berüchtigter Seeräuber war, und welchen er schon lange mit dem Sohne des Riscardus, mit einem noch sehr jungen Sohne[2]) Dancreds, des Tyrannen von Sicilien, und Anderen, Bischöfen, Aebten und Weibern hatte gefangen nehmen und in die Rheingegend bringen lassen, und befahl, Einige zu blenden, Andere getrennt von einander einzusperren. Da deswegen viele Apulier schlimme Anschläge gegen ihn machten, brachte er Alle, die ihm verdächtig waren, durch List in seine Gewalt und machte ihnen durch ungewöhnliche und sehr grausame Todesstrafen ein Ende. Er selbst aber beherrschte mit Macht sowohl Sicilien wie Calabrien und Apulien. Aber während er, als ein junger Mann, sich rühmte, diese Länder auf jede Weise unterworfen und gebändigt zu haben, wird er plötzlich von einer Krankheit befallen und stirbt im siebenten Jahre seiner Regierung um das Fest des heiligen Michael eines frühzeitigen Todes im Jahre nach der Geburt des Herrn 1197.

<small>1196 Ende Juni.</small>

<small>1197 28. Sept.</small>

1) Der nachmalige Kaiser Friderich II., geb. am 26. Decbr. 1194. — 2) Willihelm III.

Weingartener Fortsetzung II.

Bei seinem Tode, der im Verzeichniß der römischen Könige [1] angemerkt ist, hatte sein jüngster Bruder Phylipp, welcher ihrem beiderseitigen Bruder Counrad, dem Herzog der Schwaben, in der Regierung nachgefolgt war, vom Kaiser gerufen, mit dreihundert Gepanzerten Tuscien betreten; als er aber in der Mons Flasci [2] genannten Burg verweilte, erhielt er die sichere Nachricht vom Tode des Kaisers, beeilte sich sofort, zurückzukehren, und kam nicht ohne schwere Gefehr der Seinigen nach Augsburg. Von da begab er sich in die Rheingegend und wurde von allen Großen und Lehensträgern mit lebhaftester Freude empfangen; als er sodann die nächste Weihnachtszeit in Hagenau feierte, vertheilte er mit freigebiger Hand alle daselbst vorgefundene königliche Schätze. Nachdem er dies gethan und zu beiden Seiten des Rheins bis zur Maas hinab die Angelegenheiten des Reiches nach seinem Gutdünken geordnet hatte, versammelte er am Sonntag der darauffolgenden Mittefasten [3] die ihm günstig gesinnten Fürsten zu Nordhausen und suchte die oberste Leitung des Reiches in seine Hand zu bekommen. Mit Beistimmung der Fürsten, insbesondere des Erzbischofs [4] von Magdeburg, der Herzoge von Bayern und Sachsen [5], des Landgrafen [6] von Thüringen, des Markgrafen [7]

1) Nämlich in der bereits oben S. 5, A. 1 erwähnten Chronik des Hugo von Sanct Victor. — 2) Montefiascone. — 3) Nach einem Briefe Phylipps selbst an den Papst am Freitag vor Lätare — 6. März. — 4) Rudolf. — 5) Ludewig und Bernhard. — 6) Hermann I. — 7) Diterich.

von Meißen und sehr vieler Anderer von welchen jeder einzelne durch Geschenke, Lehen und Verheißungen gewonnen war, wird er zu Arnsperch¹) zum König erwählt. Der Erzbischof²) von Köln aber war ihm abgeneigt und verwarf diese Wahl, weil ihr weder der Erzbischof³) von Mainz noch der Pfalzgraf⁴) bei Rhein, welche sich über Meer befanden, beigewohnt; und im Einvernehmen mit dem Bischof⁵) von Straßburg und allen Bischöfen und Fürsten jenseits der Maas wenden sie sich an Otto, den Sohn des Sachsenherzogs Heinrich, rufen ihn nach Köln und wählen ihn zum König. Dies gab Anlaß zum blutigsten Kampfe. Otto kam nämlich nach dem Rath und mit Hilfe aller seiner Anhänger nach der Stadt
10. Juli. Aachen, vertrieb die Besatzung welche König Philipp hineingelegt hatte, und wurde auf dem königlichen Throne feierlich von einem
12 Juli. Cardinal und dem Bischof von Köln gekrönt. Von da an wird gerüstet, Heere werden zusammengezogen, Verwüstung der Provinzen und Niederbrennen von Kirchen und Städten folgen nach, mehr aber von Seiten Philipps, da Otto lediglich bemüht war, sich zu vertheidigen. Später, im dritten Jahre seiner Regierung⁶), berief Philipp, da alle seine Anstrengungen, Aachen zu gewinnen, erfolglos geblieben waren, einen Reichstag nach Mainz, wo er die Fürsten von ganz Oberdeutschland um sich versammelte, und vor Erzbischöfen, Bischöfen, Aebten, Herzogen, Markgrafen, Grafen und einer unzählbaren Volksmenge, wie auch des Königs von Böhmen⁷) und vieler Sachsen von dem Patriarchen von Aquileia im Beisein des Mainzer Bischofs Conrad feierlich gekrönt wurde und sich der königlichen Rechte mit der Krone bemächtigte. Darauf wurden wieder zwei Jahre lang unerhörte und kommenden Geschlechtern unglaubliche Greuelthaten verübt. Endlich zwang König Philipp

---

1) Arnsberg, preuß. Prov. Westphalen, R. B. Arnsberg; s. übrigens über den Ort der Wahl Jahrb. v. Marbach, S. 26, A. 1. — 2) Adolf. — 3) Conrad III. — 4) Heinrich. — 5) Conrad II. — 6) Falsch. Die Krönung Phylipps zu Mainz fand bereits im ersten Jahre seiner Regierung — 1198 am 8. September — statt und wurde vollzogen durch den Erzbischof Heimo von Tarantaise. Erzbischof Conrad von Mainz befand sich damals noch über Meer. — 7) Ottokar Przemysl; er wurde erst auf diesem Reichstage von Philipp zum König erhoben.

den Landgrafen von Thüringen, welcher ihn treulos verlassen hatte [1]), zur Unterwerfung. Auch der Pfalzgraf Heinrich, der Bruder König Otto's, ergab sich ihm, theils aus Zwang theils durch Geschenke gewonnen, und empfing nach Ableistung des Huldigungseides die Pfalzgrafschaft nebst einigen Lehen. [2])

Zu dieser Zeit verließ Adold [3]), Bischof von Köln, gleichfalls bestochen, Otto und ergab sich König Philipp, huldigte ihm mit einem Eide, wurde aber gleich darauf von seinen Bürgern verjagt, da dieselben mit ihrem Könige in ihrer Erbitterung verharrten. König Philipp sammelte also ein sehr großes Heer, zog nach dem Rath und mit Beihilfe des Kölner Bischofs, wie des Pfalzgrafen Heinrich und des Herzogs [4]) von Brabant nach Aachen und wurde auf dem königlichen Throne zugleich mit der Königin von den Erzbischöfen von Köln und Trier [5]) auf das Feierlichste gekrönt. Ferner griff König Philipp nach einiger Zeit Köln zum zweitenmale an und es gelang ihm, mehr durch einen glücklichen Zufall, als durch Gewalt der Waffen, das Heer, welches zum Kampfe heranzog, und bei welchem sich der auf päpstlichen Befehl erst kürzlich an Stelle Adolds ordinierte Bischof Bruno befand, vorbereitet durch den Rath eines Treulosen Namens Walramm [6]), so zu schrecken, daß es die Flucht ergriff und sich in eine gewisse Burg [7]) warf. Hier werden Einige verwundet, Andere getödtet, die Uebrigen mit ihrem Bischof gefangen; indessen werden alle bis auf den Bischof entlassen, welcher in das churische Rhätien gebracht wird, um in der Burg Amedes [8]) in Ketten verwahrt zu werden.

Nachdem so der Krieg zwischen Philipp und Otto bis zu diesem Zeitpunkt gewährt hatte, wurden endlich vom Papst zwei

---

1) Landgraf Hermann ergriff, 1198 aus dem heiligen Lande zurückgekehrt, die Partei König Otto's, wendete sich 1199 von diesem König Phylipps und 1203 wieder Otto zu, weshalb Phylipp in den Jahren 1203 und 1204 gegen ihn zu Felde zog. — 2) Heinrich erscheint zum erstenmal in der Umgebung Phylipps in einer Urkunde vom 24. August 1204. — 3) Adolf. — 4) Heinrich I. — 5) Johannes. — 6) Nach dem Zeugniß der großen cölnischen Jahrbücher und Arnolds von Lübeck, (VII, 5), welche hierüber am ausführlichsten berichten, war nicht Walram, sondern sein Vater, Heinrich IV. Herzog von Limburg, der Verräther. — 7) Waffenberg, preuß. Rheinprov. R. B. Aachen. — 8) Altenems, nächst Hohenems in Vorarlberg.

1207. Cardinäle¹) geschickt, um Frieden zwischen den Königen zu Stand zu bringen; aber auch diese kehrten nach vielen Verhandlungen nach Rom zurück, ohne etwas ausgerichtet zu haben. Sieh'! Da wurde auf göttliche Anordnung oder Zulassung Philipp, der ein Heer gegen Otto vorausgeschickt, als er sorglos in seinem Schlafzimmer zu Bamberg der Mittagsruhe pflegte, von den allertreulosesten Pfalzgrafen²) von Wittelsbach, der unvermuthet eintrat und dem König, wie zum Scherz das Schwert in die Kehle stieß, 1208 auf einen Streich und ohne Gegenwehr ermordet, im elften Jahre 22.Juni. seiner Regierung, am 22. Juni; und der Pfalzgraf entkam unverletzt mit Hilfe der Seinen, welche er vor der Thüre aufgestellt hatte. Des Königs Wittwe, Königin Hyrene, aber hatte nach ungefähr zehn Wochen eine schwere Geburt und starb eines kläglichen Todes. Dies geschah aber im Jahre des großen Jahrescirkels 152, des Sonnencirkels 13, des neunzehnjährigen 12, des Mondcirkels 8, in der elften Indiction, Epakte 1 und Concurrenten 2. Zu dieser Zeit raubten die Söhne Belials auf Antrieb des Teufels das Gut der Klöster und Kirchen, sowohl innerhalb als außerhalb; hauptsächlich jagten sie in Schwaben und Alemannien den unter der unmittelbaren Herrschaft und dem Schutze König Philipps gestandenen 11.Nov. Orten eine fast tödtliche Angst und Verzweiflung ein.

Im Jahre 1208 übernahm König Otto, der Sohn Heinrich's, Herzogs der Sachsen, am Feste des heiligen Martin zu Frankfurt, wo sich fast alle Fürsten und Herrn des römischen Reiches versammelt hatten, mit der Zustimmung und Gunst aller die Regierung.

1) Hugo, Cardinalbischof von Ostia und Velletri, und Leo, Cardinalpriester vom heiligen Kreuz. — 2) Otto (VIII).

Aus Berthold von Zwiefalten.

Cap. 35. ...... Dieser ¹) Sohn, Namens Heinrich, unser dritter Vogt ²), war als Schwiegersohn Kaiser Lothars allzuviel mit Reichsangelegenheiten beschäftigt und stolz auf seine Macht; deshalb waren wir mit ihm nicht so vertraut, wie mit seinem Vater, da es ja nicht Sache der Reichen ist, uns Arme zu lieben. Ueberdies kümmerte er sich auch, nach jenem Prophetenwort: „Ihr erhebt euch nicht zum Widerstand und setzt euch nicht zur Mauer für das Haus Israel" ³), nicht darum, in irgend einer Angelegenheit uns von Nutzen zu sein, in irgend einer Noth uns beizuspringen. Dazu kommt, daß wir ihm lästig und verhaßt wurden aus Gründen, welche wir hier, weil sich die Gelegenheit dazu bietet, anführen wollen.

36. Friderich von Staufen, Herzog von Schwaben, welcher sich auf's Tiefste gekränkt fühlte, daß nach dem Tode Kaiser Heinrichs, seines Oheims ⁴), die Reichsregierung auf Betreiben des Bischofs Adalbert von Mainz nicht ihm, sondern dem Sachsenherzog Lothar übertragen wurde, erhob sich gegen eben diesen Lothar, entschlossen, ihm aus allen Kräften Widerstand zu leisten, brachte die Stadt Speyer durch List in seine Gewalt, nahm einige Burgen

---

1) Nämlich Heinrichs IX. und Wulfhildens. — 2) Die beiden ersten Vögte von Zwiefalten waren der Bayernherzog Welf I. und sein Sohn Heinrich IX. — 3) Ezechiel 13, 5. — 4) Heinrichs V. Schwester Agnes war die Mutter Herzogs Friderich II. des Einäugigen.

weg und stellte seinen Bruder Counrad als König auf. Lothar aber belagerte Speyer, nahm es wieder ein und zwang Counrad, nach Italien zu fliehen. Daselbst auch nur von Wenigen anerkannt, sah er sich genöthigt, wieder heimzukehren; und nachdem er die Krone niedergelegt hatte, wurde er von Lothar wieder zu Gnaden aufgenommen. Nachdem also Alles friedlich geordnet war, zog Lothar mit eben diesem Counrad nach Italien, unterwarf Apulien mit Gewalt der Waffen und vertrieb die Nortmannen, welche das Land seit den Zeiten Leo's IX.[1]), beinahe achtzig Jahre, in Besitz gehabt. Als Sieger zurückkehrend beschloß er seine Tage in den Apenninen.[2])

Da aber Herzog Heinrich, der mächtigste von allen Fürsten des Reiches, ohne die nöthige Klugheit nach der Regierung strebte, wurde er von allen seines Stolzes wegen verworfen und der vorgenannte Counrad von seinem Bruder Friderich und einigen Wenigen auf's Neue zum König erhoben, nach einer Zwischenzeit von wenigen Tagen aber von Allen als König anerkannt; und so wurde der früher verworfene und zum Tode verurtheilte Bauftein zum Eckstein erkoren.[3])

Um aber wieder von vorne anzufangen, so übernachtete in jenen Jahren, in welchen wir, wie bereits gesagt, Unglück erlebt haben, Friderich in der Fastenzeit mit nur Wenigen bei uns. Da kam Herzog Heinrich, welcher ihm heimlich auf dem Fuße gefolgt war, unverhofft mit Bewaffneten herbei, um ihn zu tödten, legte Feuer an das Haus, in welchem er ruhte, und trachtete, ihn sogar lebendig zu verbrennen. Da dieser aber durch die Mönche mit genauer Noth gerettet wurde, suchte er ihn allenthalben, durchwühlte Alles mit dem Schwert, verbrannte einige Gebäude unseres Klosters, schlug die Pforten des Münsters, in den er sich geflüchtet, mit gewissen Maschinen ein und stürzte die Altäre[4]) der Kirche mit frevelnder Hand um. Mit bloßen Schwertern eilte der rasende

---

1) Gestorben am 19. April 1054. — 2) Bekanntlich erst nach Ueberschreitung der Alpen. — 3) Psalm 117, 22. — 4) Die Lebensart alterius, Mon. Germ. SS. X, 114, ist ohne Zweifel zu berichtigen.

Haufen durch die ganze Kirche, hindurch zwischen den Mönchen, welche um diese Zeit, nach der Prim, in gewohnter Weise zu den Litaneien niedergekniet waren, konnte aber gleichwohl denjenigen, nach dessen Blut er so sehr dürstete, nicht finden.

Schließlich, als er vergeblich Feuer anzulegen suchte, bestieg Friderich, dessen Tod einer späteren Zeit vorbehalten war, den Kirchthurm und entkam so seinen Händen, da er ihn weder, wegen der Festigkeit des Ortes, mit dem Schwert erreichen, noch auch das Münster, welches mit gebrannten Ziegeln gedeckt war, verbrennen konnte. Am Ende kehrten sie, der Sache überdrüßig, unverrichteter Dinge und beschämt nach Hause zurück, den Mönchen den Untergang androhend.

Für diesen Frevel befahl Papst Innocenz dem Herzog Heinrich, dem Kloster einen fünf Pfund schweren Kelch zu übergeben, was dieser aber unterließ. Da also dieser Grund zur Feindschaft noch nicht ganz beseitigt war und noch neue Anläße hinzukamen, vorzüglich weil er uns gering schätzte und verachtete, sich mit andern Dingen beschäftigte und allzuviel von der Sorge für sein eigenes Haus in Anspruch genommen war, wurde er von uns mit Recht und auf Grund unseres Privilegiums von der Vogtei entfernt, nachdem er durch unsere Bitten dazu gebracht war, dies friedlich geschehen zu lassen.

37. Nach einer Zwischenzeit von wenigen Tagen wurde nach gemeinsamer Berathung der Brüder an seine Stelle sein Bruder Welphardus[1]) als vierter Vogt aufgestellt. Vorher aber ließ derselbe in Gegenwart der ganzen Congregation durch drei seiner Ministerialen bei den Reliquien der Heiligen beschwören, daß er, wenn aus genügender Ursache von uns verabschiedet, die Würde nicht länger als sieben Tage wider unseren Willen behalten, und daß er unser Privilegium, soweit es ihn anginge, unverletzt bewahren wollte, ferner, daß er keinen seiner Ritter, der nicht von uns erwählt oder verlangt worden, uns als Vogt[2]) vorsetzen und einen solchen, wenn er gewaltsam zu Werk gehen, oder gegen unseren Willen die Unseren beschädigen, oder aus irgend einer Ursache von

---

1) Welf VI. — 2) Untervogt.

uns verabschiedet werden sollte, vor Verlauf von sieben Tagen ab=
setzen und von der Vogtei entfernen wollte. Der genannte Welphar=
dus wurde von vielen auch aus dem Grunde erwählt, damit wir
bei dem Holzreichthum in seinen und seines Bruders Waldungen
das uns ganz unentbehrliche Holz mit größerer Sicherheit schlagen
könnten und zu unseren Weinbergen und Aeckern im churischen
Rhätien, welche auf der Südseite liegen, ungestörte Zu= und Ab=
fahrt durch ihr Gebiet erlangten. —

Um dieselbe Zeit zerstörte Herzog Friderich, uneingedenk aller
Gefälligkeiten unser Dorf Oninburron[1]) mit Feuer und Schwert,
weil ein Haufen frecher und thörichter Bauern ihn, als er gegen
Ravensburg zog, um sich an Herzog Heinrich zu rächen, mit Schimpf
und Schande aus dem Dorfe, wo er nothgedrungen sein Nachtlager
genommen, vertrieben hatte.

38. Noch nicht ganze sechs Jahre darauf, als Herzog Hein=
rich seinen Verdruß noch nicht merken ließ, kam sein Ritter Heinrich
von Anemartingen[2]), des älteren Heinrich Sohn, welcher früher
mit unserer Beistimmung als Vogt über unsere Leute gesetzt, aber
wegen unklugen und übermüthigen Mißbrauchs seiner Stellung zu=
gleich mit seinem Herrn von uns entfernt war.

Deswegen in hohem Grade erbittert und, wie das Gerücht
sagt, von seinem Herrn aufgehetzt, wüthete er mit der größten
Grausamkeit gegen uns und die Unseren. Da war die Bedrängniß
allgemein; draußen der Kampf und drinnen die Furcht. Kurz, wir
wurden allenthalben mit Feuer und Schwert heimgesucht und wir
fürchteten, daß er auch innerhalb des Klosters Aehnliches vollbringen
würde. Denn er kam in dieser Absicht bewaffnet vor die Kloster=
pforte, wurde aber von unseren Leuten schmählich verjagt. Endlich
schlossen die Bischöfe den allgemein Verabscheuten aus der Gemein=
schaft der Kirche aus und belegten ihn mit dem Bann und da
wir auch seinen Herrn, den Herzog Heinrich angingen, mußte er
sein Schwert in die Scheide stecken.

1) Ennabeuren, württemb. Donaukr. O. A. Münsingen. — 2) Emerkingen ebd.
O. A. Ehingen.

Wir aber, in Trauer über die Vergangenheit, in Furcht vor der Zukunft, umzogen das Kloster seinem ganzen Umfang nach, gleich einer Burg mit Mauern.

50. Dies Alles, was im vorliegenden Buche über die Besitzungen des Klosters kurz mitgetheilt wurde, ist geschehen[1]), vollendet, und von mir niedergeschrieben im Jahre nach Menschwerdung des Herrn 1138, im 50. Jahre nach der Gründung des Klosters, im 30. nach der Einweihung des Münsters, im 44. Jahre der Vorstandschaft Oudalrichs, des zweiten Abtes, im ersten Regierungsjahre Kaiser Counrads.

1) d. h. es geschah bis 1138, war damals vollendet.

Alte Welfen
nach der Genealogie.

Eticho I.

- **Heinrich I.** Gem. Atha
- **Judith** Gem. Kaiser Ludwig b. Stammler

- **Chunrad hl.** Bischof von Constanz.
- **Ethicho II.** Stammvat. d. drei Adelsgeschl.
- **Rudolf** Gem. Ita v. Oningen.

- **Heinrich II.**
- **Welf I.** Gem. Imiza v. Glizberch
- **Richarda** Gem. ungenannter Graf aus Bayern

- **Welf II.**
- **Cuniza** Gem. Etius Markgf.

Alte Welfen
nach dem Mönch von Weingarten

Welf I

- **Eticho I.**
- **Judith** Gem. Kaiser Ludwig d. Frommen

- **Heinrich I.** Gem. Beata v. Hohunwarthe

- **Counrad hl.** Bisch. v. Constanz
- **Eticho II.** Stammvat. d. drei Adelsgeschl.
- **Roudolf** Gem. Ita v. Oningen.

- **Heinrich II.**
- **Welf II.** Gem. Imiza v. Glizberch
- **Richgarda** Gem. ungenannter Graf aus Bayern

- **Welf III.**
- **Chuniza** Gem. Azzo Markgf.

Alte Welfen
verbesserte Stammreihe.

Welf I

- **Judith † 843** — Gem. Kaif. Ludewig d. Fromme
- **Eticho I.**
- **Counrad** — Stammv. d. Kön. v. Burgund
- **Roudolf I.**

Heinrich I. ?   **Welf ?** Grf. im Argau und Linzgau

Eticho II. † um 910

Heinrich II. Gem. Beata v. Hohenwarth

- **Counrad hl. † 976** Bisch. v. Constanz
- **Roudolf II. † um 940** ?

- **Eticho III. ?** Stammvat. d. drei Adelsgeschl.
- **Roudolf III. † um 992** Gem. Ita v. Oehningen

- Heinrich III † um 990
- **Welf II. † 1030** Gem. Imiza v. Gleiberg
- **Richlinde** Gem. Adalbert II. Grf. v. Ebersberg

- **Welf III † 1055**
- **Chuniza** Gem. Azzo Markgf. v. Este.

Jüngere Welfen

Welf IV. (I)
Herz. v. Bayern † 1101. Gem. 1. Etelinda v. Nordheim. 2 Judith v. Flandern

- **Welf V (II)** rz. v. Bayern † 1119 Gem. Mahtilde v. Tuscien
- **Heinrich IV (IX)** Herz. v. Bayern † 1126 Gem. Wulfhild v. Sachsen

- nrad
- **Heinrich V (X)** önch Herz. v. Bayern † 1139 .126 G. Gertrude v. Sachsen
- **Welf VI** † 1191 G. Outa v. Calw
- **Judith** G. Friedr. II. Herz. v. Schwab.
- **Sophia** G. 1. Berth. III. Herz. v. Zähringen, „ 2. Leopald Markgf. v. Steier
- **Mathilde** G. Theopald II. Markgf. v. Vohburg, „ 2. Gebehard II. Grf. v. Sulzbach
- **Wulfhild** G. Roudolf Grf. v. Bregenz.

- **Heinrich VI. (XII.)** v. Bayern u. Sachsen † 1195 , 1. Clementia v. Zäringen 2. Mathilde v. England.
- **Welf VII.** † 1167

Register.

Aachen, Aquisgranum 55, 60 flgb.
Achalm 15, 36.
Acharon, Achorn, Acca 44, 52 flgb. 55.
Adalbero II., Graf v. Ebersberg 3, 11.
Adalbert I., Erzbischof v. Mainz 20, 63.
Adelbert, Albert v. Ballenstebt, Markgf. d. Lausitz, seit 1134 d. Nordmark 17, 29, 51.
Adila, erste Gemahlin Kaiser Friderichs I. 48.
Adolb, Adolf Erzbischof v. Köln 60 flgb.
Adrian IV., Papst 44, 49.
Adrianopel 54.
Aegypten 44.
Agnes, Gemahlin Friderichs I., Herzogs v. Schwaben, dann Leopalds III., Markgrafen v. Oesterreich, 29, 63.
Ailigka, Eilika Gemahlin d. Grafen Otto v. Ballenstebt 17.
Alamannien, Allemannien 6, 8, 11, 16, 62.
Alanen 6.
Alba, Albano 27.
Albero, Erzbischof v. Trier 28.
Albero, Adilbero Bischof v. Metz 3, 11.
Albert, Graf v. Bogen 17.
Albert II., Graf v. Calw 23.
Albert III., Graf v. Calw 23.
Albert IV., Graf v. Calw 23 flgb.
Albert II., Graf v. Habsburg 35.
Alessandria 50.
Alexander III., Papst 44, 49 flgb.
Alexander III., Bischof v. Lüttich 39.
Alexius Komnenos, Kaiser d. ostr. Reiches 15.
Alidorf, Aulendorf 9.
Alp, rauhe 22, 42.
Alpen, Pyrenäen 38, 64.
Altenems s. Amedes.
Altenmunster, Altomünster 1, 3, 9, 12.
Altdorf s. Altorf.
Altdorf, Geschlecht d. v. 45, 55 flgb.
Alto, heiliger 1, 9.
Altomünster s. Altenmunster.
Altorf, Altdorf 1, 9, 11—13, 15, 17, 19, 21.

Ambergov, Ambirgov Ammergau 1, 8 flgd.
Ambras s. Homeras.
Amedes, Altenems 61.
Amidis, Ems 10.
Ammergau s. Ambergov.
Anaclet II., Gegenpapst 26 flgd.
Ancona, Anchona 27.
Andehse, Andechs 2.
Andechs, Geschlecht d. v. 2.
Andilvingen, Andelfingen 10.
Anemarkingen, Emerkingen 66.
Ange, Gebirg von 44, 55.
Anhalde, Anhalt 51.
Antiochia 44, 55.
Apenninen, Abpenninus 26 flgd. 64.
Apulien, Apulier, 27, 46—48, 56—58, 64.
Aquileia, Aquilegia 60.
Aquitanien 8.
Armenien 49, 55.
Arnold, Erzbischof v. Köln 28.
Arnsperch, Arnsberg 60.
Arnulf, Graf v. Dachau 30 flgd.
Assyrer 49.
Atha s. Beata.
Augia, Weißenau 41, 45.
Augsburg, Augusta, Augea 3, 7, 11 flgd. 14, 19, 27—29, 35, 40, 42, 59.
Aulendorf s. Alidorf.
Aymericus, Amalrich v. Lusignan, König von Cypern 53.

Babylon, Babilonien, Cairo 44, 51.
Balduin IV. König v. Jerusalem 52.
Balduin V., König v. Jerusalem 52.
Balduwin V., Graf v. Flandern 4, 14.
Bamberg, Babinberg 25, 28, 62.

Bari, Barra 18, 27.
Bayern, Baioaria, Noricum, bayerisch 3 flgd. 8 flgd. 11, 14—17, 19—21, 24—26, 29—31, 40, 43 flgd. 59.
Beata, Gemahlin d. Welfen Heinrich II., 1, 9.
Beatrix, zweite Gemahlin Kaiser Friderichs I. 49, 55.
Bela, König v. Ungarn 17.
Benevent 27.
Berengar, Graf v. Sulzbach 39.
Berg, zwei Grafen v. 35.
Bergatreute s. Berngartruite.
Berge, Berg O. A. Ehingen 35.
Berge, Berg O. A. Ravensburg 9, 41, 45.
Bernardus, Bischof v. Libda 53.
Berngartruite. Bergatreute 47.
Bernhard, heiliger Abt von Clairvaux 26.
Bernhard v. Anhalt, Herzog v. Sachsen 51, 59.
Berthold III., Herzog v. Zäringen 18.
Berthold IV., Herzog v. Zäringen 35.
Berthold V., Herzog v. Zäringen 47.
Berthold, Markgf. v. Vohburg 35.
Bertholf, Graf v. Andechs 17.
Bodmann s. Botamum.
Böhmen 37, 60.
Bogen 17.
Bologna, Bononia, Bolognesen 26.
Bonifacius, Markgf. v. Tuscien 16.
Bonifaz, heiliger 9.
Boris, Thronprätendent in Ungarn 31.
Botamum, Bodmann 13.
Bouchhorn, Buchhorn 15.
Brabant, Brabanden 61.
Braunschweig, Brunswich 44, 51.
Breitenwang 27.

Bruno IV., Erzbischof v. Köln 61.
Bruno, Brouno, Bischof v. Augsburg 3, 11.
Buchhorn, s. Bouchhorn.
Buorron, Buoirron, Kaufbeuren 42, 56.

Cairo s. Babylon.
Calabrien, Galabria 48, 57 flgd.
Calw s. Kalwe.
Calw, zwei Grafen v. 35.
Campanien 27.
Casel Robert, Castel Roberti 52.
Celestin III., Papst 46, 55.
Chelminzen, Kellmünz 37.
Choufringin, Chufringen, Kaufering 16 flgd.
Chnobach, Coubach, Kühbach 3, 11.
Chuono, Couno d. Aeltere, Graf v. Dehningen 2, 10.
Chuono, Couno d. Jüngere, Graf v. Dehningen 2, 10.
Chur, Curia 7.
Churisches Rhätien s. Rhätien.
Clairvaux, Clarevallis 18.
Clementia, erste Gemahlin Herzog Heinrichs d. Löwen 49.
Coblenz, Confluentia 28.
Colmar, Colmir 10.
Coloman, König v. Ungarn 17.
Conciolegum, Gunzenlee 19, 40, 47.
Constantia, Gemahlin Kaiser Heinrichs VI. 58.
Constantinopel 32, 49, 54.
Constanz, Constantia 1, 7, 9 flgd. 35, 48 flgd.
Couno I., Bischof v. Regensburg 21.
Counrad II., röm. König, seit 1027 Kaiser 2, 11.

Counrad, Cunrad III., röm König 23, 26, 28—33, 35, 39, 43, 51, 55, 67.
Counrad Chounrad, Herzog v. Schwaben 47, 55—59, 64.
Counrad, Pfalzgraf bei Rhein 57.
Counrad (v. Zütphen) Herzog v. Bayern 13.
Counrad I., Herzog v. Mähren 17.
Counrad, Herzog v. Zäringen 23, 49.
Counrad, Bruder der Kaiserin Judith 8.
Counrad I. Graf v. Dachau 31.
Counrad II., Graf v. Dachau 31.
Counrad, Graf v. Valley 30.
Counrad, Vogt v. Constanz 35.
Counrad III., Erzbischof v. Mainz 60.
Counrad, Bischof v. Augsburg 35.
Counrad, Chuonrad, heiliger Bischof v. Constanz 1 flgd. 9.
Counrad II., Bischof v. Straßburg 60.
Counrad I. Bischof v. Worms 35.
Counrad, Welfe, Mönch 18.
Crema 26, 33.
Cremona, Cremonesen 26.
Cuniza, Chuniza, Gemahlin d. Markgrafen Azzo v. Este 3, 11—13.
Cypern 4, 15.

Dachau s. Tachouwe.
Dänen 10.
Damascus 32, 53.
Dancred, Tancred, König v. Sicilien 47, 56—58.
Daniel I., Bischof v. Prag 39.
Daugendorf s. Taugindorf.
Deutschland, Deutsche, Teuthonici 32, 37, 46, 48.
Diezon, Dießen 2, 10.
Diterich, Markgf. v. Meißen 59.

Donau, Danubius 21.
Donaustauf s. Tounustouphen.
Eberhard I., Graf v. Ebersberg 3.
Eberhard II., Graf v. Ebersberg 3.
Eberhard, Bischof v. Regensburg 39.
Ebersperch, Ebirsperc, Ebersberg 3, 11.
Edessa 32.
Egebert, Markgf. v. Stadin s. Eggebert, Graf v. Oehningen.
Egehard, Graf v. Scheyern 17.
Eggebert, Graf von Oehningen 2, 10.
Eger, Egire 55.
Egilbert, Bischof v. Freising 11.
Ekbatana, Hamadan 49.
Elisina 3 flgd. 11 flgd. 40.
Elsaß, Alsatia 10.
Emanuel, Manuel Komnenos, Kaiser d. ostr. R. 32, 50.
Emerkingen s. Anemarkingen.
Emilia 26.
Ems s. Amibis.
Engelbert, Herzog v. Kärnthen 27.
Engelbert, Markgf. v. Tuscien 27.
England, Anglia 4, 14, 46, 51, 56.
Ennabeuren s. Onenburron.
Ensilingen, Langenenslingen 10.
Erfurt, Herphurt 50.
Ernst II., Herzog v. Alamannien 11.
Ethelinde, erste Gemahlin Herzog Welfs I. v. Bayern 14.
Eticho I., Welfe 1, 8.
Eticho II., Ethicho Welfe 1, 8 flgd.
Eticho III., Welfe 2, 9 flgd.
Etius, Azzo Markgf. v. Este 4, 12.

Faba 52.
Falchenstein, Falkenstein 20.
Feringen, Vöhringen 35.
Fidazhofen s. Bibanzhofen.
Flims s. Flumims.

Flohperch, Flochperg 32.
Flumims, Flims 10.
Francio, Frantio König d. Franken 5.
Franken, Francia, Franci 5 flgd. 8, 27, 31.
Frankfurt, Franchonwurth 30, 62.
Freising, Frisinga 7, 11 flgd.
Friderich I., d. Rothbart röm. König, seit 1155 Kaiser 18, 32—34, 38, 40 flgd. 43—46, 48—51, 54 flgd. 57.
Friderich II., seit 1215 röm. König 48, 58.
Friderich I., Herzog v. Schwaben 29.
Friderich II., d. Einäugige, Herzog v. Schwaben 18—21, 23, 26, 28, 32, 43, 57, 63—66.
Friderich IV., (v. Rothenburg) Herzog v. Schwaben 35—39, 43, 55.
Friderich V., Herzog v. Schwaben 44 flgd. 51, 54—56.
Friderich, Herzog v. Niederlotharingen 3, 11.
Friderich II., Graf v. Dießen 2, 10.
Friderich II., Graf v. Bogen 17.
Friderich III., Graf v. Bogen, Vogt v. Regensburg 17, 19—21, 25.
Friderich I., Erzbischof v. Köln 18.
Fronehoven, Fronhofen 9.

Gabula, Djebel 49.
Gallien 6, 56.
Garda 26.
Gebehard II., Graf v. Sulzbach 18.
Gebehard, Graf v. Valley 30.
Gebehard III., Bischof v. Regensburg 13.
Geisenfeld s. Gisenfeld.
Genfersee 37.
Geisa II., König v. Ungarn 31.

Genebaud, Herzog v. Franken 6.
Georg, Arm d. heiligen, propontisches Meer 44, 54.
Gertrude, Gemahlin Herzog Heinrichs d. Stolzen, dann Herzog Heinrichs Jasomirgott 19, 30.
Germanien 6.
Gisenvelt, Gisinveld, Geisenfeld 3, 11.
Glizperch, Glizberg, Gleiberg 3, 11.
Goslar 29.
Gotefrid v. Calw, Pfalzgraf bei Rhein 23.
Gotefrid, Graf v. Ronsberg 35.
Gotefrid II., Bischof v. Speyer 35, 39.
Gothen 6.
Gonningen, Markgröningen? 20.
Gredingen, Greding 19.
Gregor VII., Papst 14.
Gregor VIII., Papst 51.
Griechenland, Griechen, griechisch 15, 17, 44, 47, 50, 54 flgd. 58.
Guastalla, Garistallium 26.
Guido, König v. Jerusalem 52 flgd.
Gunzenlee s. Conciolegum.
Gwipert, Gegenpapst 14.
Gyrardus, Girardus de Videfort, Großmstr. d. Templer 51—53.

Habespurch, Habsburg 35.
Hagenau, Hagenou 56, 59.
Harald, König von England 4.
Hartmann, Graf v. Kirchberg 35.
Hecilescella, Heciliscella, Hezelszell 2.
Heimo, Erzbischof v. Tarantaise 60.
Heinrich II., d. Heilige Kaiser 2.
Heinrich III., Kaiser 12 flgd.
Heinrich IV., röm. König, seit 1084 Kaiser 14.
Heinrich V., röm. König, seit 1111 Kaiser 16, 63.

Heinrich VI., röm. König, seit 1191 Kaiser 42, 44—48, 51, 55—59.
Heinrich VII. (v. Luxenburg), Herzog v. Bayern 3, 11.
Heinrich IX. d. Schwarze, Herzog v. Bayern 4, 13—15, 17—19, 34, 63.
Heinrich X. d. Stolze, Herzog v. Bayern u. Sachsen 18—30, 43, 63—66.
Heinrich XI., Jasomirgott, Herzog v. Bayern, seit 1156 v. Oesterreich 30 flgd. 43 flgd.
Heinrich XII. d. Löwe, Herzog v. Bayern u. Sachsen 38, 40 flgd. 43 flgd. 49—51, 55—57, 60, 62.
Heinrich I., Herzog v. Brabant 61.
Heinrich IV., Herzog v. Limburg 61.
Heinrich, Sohn Herzog Heinrichs d. Löwen, Pfalzgf. bei Rhein 55—57, 60 flgd.
Heinrich I., Welfe 1, 8.
Heinrich II., Welfe 1 flgd. 8 flgd.
Heinrich III., Welfe 2, 10 flgd. 13.
Heinrich, Graf v. Tübingen 39.
Heinrich, Graf v. Vöhringen 35 flgd.
Heinrich v. Emerkingen d. Aeltere 66.
Heinrich v. Emerkingen d. Jüngere 21. 66.
Heinrich I., Bischof v. Regensburg 21 flgd. 24 flgd.
Heracleus, Patriarch v. Jerusalem 52.
Herena, Hyrena, Irene Gemahlin König Phylipps 47 flgd. 57 flgd. 61 flgd.
Herimann IV., Markgf. v. Baden 35.
Hermann I., Landgf. v. Thüringen 59, 61.
Hermann, Bischof v. Verden 39.
Hezelszell s. Hecilescella.
Hezelszell, Geschlecht d. v. 2, 10.

Hiltigarda, Gemahlin Kaiser Karls d. Großen 1.
Hiltigarda, angebl. Gemahlin Ludwigs d. Stammlers 1.
Hohunwarthe, Hohenwarth 9.
Homeras, Ambras 22.
Hornem 41.
Hugo v. Tübingen, Pfalzgraf in Schwaben 34 flgd. 37—39.
Hugo, Cardinallegat 62.
Hugo, Bischof v. Gabula 49.
Hunnen 6.
Hurso, Templer 52.

Iconium 44, 54 flgd.
Imiza, Gemahlin Welfs II. 3, 11—13.
Inn, Enus 25, 27, 38.
Innocenz II., Papst 27.
Innocenz III., Papst 61, 65.
Irmingard, erste Gemahlin Kaiser Ludwigs d. Frommen 8.
Isaak II., Angelos Kaiser des östr. R. 47, 54, 57.
Isar, Ysara 24.
Ita, Wittwe d. Markgfen Leopald II. v. Oesterreich 16.
Ita, Gemahlin d. Welfen Rudolf III 2 flgd. 10.
Italien, Italiener 8, 12 flgd. 16, 26 flgd. 31, 33—35, 37 flgd. 42 flgd. 48—51, 56, 58, 64.
Jerusalem, Hierosolima 4, 15, 18, 32, 38, 44 flgd. 47, 50—54.
Johannes, Kloster d. heiligen s. Steingaden.
Johannes, Erzbischof v. Trier 61.
Johannes II., Komnenos, Kaiser d. östr. R. 17.
Johannes, Priester 49 flgd.
Jordan 51, 53.

Judith, zweite Gemahlin Kaiser Ludewigs d. Frommen 1, 8.
Judith, Jubinta Gemahlin Herzog Friderichs d. Einäugigen 18, 43.
Judith, Judita Gemahlin Herzog Welfs I. v. Bayern 4, 14.

Kärnthen 4, 12, 56.
Kalwe, Calw 23 flgd.
Karl I. d. Große, Kaiser 1, 5, 8.
Karl II., d. Kahle, König d. westfr. R. 8.
Kaufbeuren s. Buorron.
Kaufering s. Choufringin.
Kellmilnz s. Chelminzen.
Kempten, Campidonum 7.
Kilichperg, Kirchberg 35.
Kilidsch II. Arslan, Sultan v. Iconium 54 flgd.
Köln, Colonia 38, 48, 55, 60 flgd.
Königslutter s. Luther.
Kühbach s. Chuobach.

Ladizlaus, König v. Ungarn 17.
Lana s. Lonnon.
Langenenslingen s. Ensilingen.
Langobarden, Langobardien 3, 6, 11.
Laquilinus, Laquelinus Templer 52.
Lech, Licus, Lechebene 19, 27 flgd. 30, 40.
Leo, König v. Armenien 55.
Leo IX., Papst 64.
Leo, Cardinallegat 62.
Leopald III., Markgf. v. Oesterreich 16, 24, 29.
Leopald IV., Markgf. v. Oesterreich, seit 1139 Herzog v. Bayern 29 flgd.
Leopald V., Limpold Herzog v. Oesterreich 46, 56.

Leopold, Markgf. v. Steier 18.
Leopold, Graf v. Oehningen 2, 10.
Libda, Diospolis 53.
Liuthold, Graf v. Achalm 15.
Liutold, Graf v. Oehningen 2, 10.
Löwenstein s. Lounstein.
Logenez s. Lugeniz.
Lothar I., Kaiser 8.
Lothar II., röm. König, seit 1133 Kaiser 19 flgd. 23, 25—27, 31, 63 flgd.
Lothar, Sohn Herzog Heinrichs d. Löwen 55.
Lotharingen, Lotharinger 3, 11. 28.
Ludewig VII., König v. Frankreich 32.
Lounon, Lana 2, 11.
Lounstein, Löwenstein 24.
Luccaner 34.
Ludewig d. Fromme, Kaiser 1, 8.
Ludewig d. Deutsche, König d. ostfr. R. 8.
Ludewig I. der Kelheimer, Herzog von Bayern 57, 59.
Ludolf, Erzbischof v. Magdeburg 59.
Ludwig d. Stammler, angebl. Kaiser 1.
Lüneburg, Luineburc 44, 51.
Lüttich, Leodium 39.
Lugeniz, Logenez 10.
Luther Kloster, Königslutter 27, 30.

Maas, Mosa 59 flgd.
Mähren 17.
Magdeburg, Parthenopolis 59.
Magino, Magnus Herzog v. Sachsen 17.
Mahtilde, Mahtildis, Gemahlin Herzog Welfs II. v. Bayern 16 flgd. 33, 40, 43, 58.

Mahtilde, Gemahlin d. Markgfen Theopald d. Jüngern v. Vohburg, dann d. Grafen Gebehard v. Sulzbach 18.
Mailand, Mediolanum, Mailänder 26, 43, 46, 49—51.
Mainz, Moguntia, Mainzer 20, 23, 51, 54, 57, 60, 63.
Marchomir, Herzog d. Franken 6.
Mardingen, Mertingen 33, 43.
Margarita, Großadmiral v. Sicilien 47, 58.
Marquard, Markgf. v. Kärnthen 3.
Marseille, Massilia 56.
Martin, Kloster d. heiligen s. Winigarten.
Matheus I, Herzog v. Lotharingen 18.
Meder 49.
Meißen, Misne 60.
Memmingen, Mammingen 21, 42.
Mering s. Moringen.
Mertingen s. Mardingen.
Metz, Metis 3, 11.
Möhringen auf den Fildern s. Moringen.
Mons Flasci, Montefiascone 48, 50.
Moringen, Mering 3, 11.
Moringen, Möhringen auf den Fildern 34.
Moriz, Kirche d. heiligen 10.
Mühlhausen 26.
Mülinen, Geschlecht d. v. 2.

Nazareth 52.
Neapel, Neapolis, Neapolitaner 46, 56.
Nicolaus, Stadt d. heiligen s. Bari.
Niederlotharingen 3.
Nordhausen, Northusen 59.
Nortmannen 64.
Nürnberg, Nourenberch 19.

Octavian, Gegenpapst 44, 49.
Oehningen, Geschlecht d. v. 2, 10.
Oesterreich, Osterrich 43, 46, 56.
Oninburron, Ennabeuren 21, 66.
Oningen, Oehningen 2.
Otto I. d. Große, Kaiser 1 flgd. 10.
Otto IV., röm. König, seit 1209 Kaiser 60—62.
Otto (v. Nordheim), Herzog v. Bayern 14.
Otto V. v. Wittelsbach, Pfalzgf. in Bayern 18, 24 flgd.
Otto VI. v. Wittelsbach, Pfalzgrf. seit 1180 Herzog v Bayern 51.
Otto VIII. v. Wittelsbach, Pfalzgf. in Bayern 62.
Otto, Sohn Kaiser Friderichs I., Pfalzgrf. in Burgund 55.
Otto, Graf v. Buchhorn 15.
Otto, Graf v. Valley 30.
Otto II., Graf v. Wolfrathshausen 21.
Otto III., Graf v. Wolfrathshausen 22, 25 flgd.
Ottobeuren, Utinburum 7.
Ottokar Przemysl, König v. Böhmen 60.
Oudalrich Abt v. Zwiefalten 67.
Oudalschalk, Bischof v. Augsburg 42.
Outa, Gemahlin Welfs VI. 23, 40, 42.

Paläſtina 44, 51.
Palermo, Palerna 47, 58.
Paſchalis II., Papſt 16.
Pavia, Papia, Pavesen 26, 38.
Persien, Perser 49 flgd.
Petrus, Kloster d. heiligen f. Augia.
Pfalzgrafenweiler f. Willare.
Philipp, Phylipp, Herzog v Schwaben, seit 1198 röm. König 47 flgd. 55, 57—62.

Philipp, Erbischof v. Köln 48.
Phullendorf, Pfullendorf 35.
Pipin, König v. Aquitanien 8.
Pisa 34.
Popo, Markgf. v. Kärnthen 17.
Prag, Braga 39.
Pyrenäen f. Alpen.

Queblinburg 30.
Raimund, Graf v. Tripolis 52.
Rainald, Graf v Burgund 49.
Rainald, Erzbischof v. Köln 38.
Raitenbouch, Raitenbuch, Rottenbuch 15.
Ramphteswilaren, Rahprehteswillare, Rapperswyl 2.
Rapperswyl, Geschlecht d. v. 2, 10.
Ravenna 14.
Ravensburg, Ravenespurch, Rabinisburg 14, 19, 21, 25, 66.
Regensburg, Ratispona, Regensburger 13, 17—19, 21 flgd. 25, 28, 30, 39, 56.
Reginald, Rainulf v. Alise 27.
Reynaldus de Chatillon, Connetabel 53.
Rhätien, churisches 10, 61, 66.
Rhein, Renus, Rheingegend 6, 20, 28, 31, 38, 56, 58 flgd.
Rheinfelden f. Rinvelden.
Richard I. Löwenherz, König v. England 46, 56 flgd.
Richarda, Richgarda, Richlindis Gemahlin d. Grafen Adalbero II. v. Ebersberg 3, 10 flgd.
Richarda, Gemahlin d. Grafen Egehard v. Scheyern 17.
Richardis, Gemahlin d. Grafen Uodalrich v. Ebersberg 3.
Richenza, Wittwe Kaiser Lothars II. 28.

Richlint, Gemahlin d. Grafen Couno d. Aelteren v. Oehningen 10.
Rinvelden, Rinveldin, Rheinfelden 2.
Riscardus, Graf 58.
Robaldus, Erzbischof v. Mailand 26.
Robbertus Franiel, Templer 52
Roger, König v. Sicilien 27, 31 flgd. 58.
Roger, Sohn d. Vorigen 56.
Roger, Sohn König Dancreds 47.
Rogerius de Molina Großmstr. d. Hospitaliter 52.
Rom, Römer 16, 27, 38, 46, 48, 55, 62.
Roncalische Felder s. Rungalla.
Rotimburc, Rothenburg a. T. 55.
Rottenbuch, s. Raitenbouch.
Roudolf I., Bruder der Kaiserin Judith 8.
Roudolf II., Ruodolf Welse 1 flgd. 9 flgd.
Roudolf III., Welfe 2, 10 flgd. 13.
Roudolf, Graf v. Bregenz 18.
Roudolf, Graf v. Pfullendorf 35, 55.
Roudolf, Graf von Ronsberg 35.
Roumesberch, Ronsberg 35.
Rufinus, Bischof v. Acca 53.
Rugen, Rugier 2, 10.
Rungalle, roncalische Felder 12.

Sachsen, Saxonia 10, 14, 17, 19, 27—30, 40, 43 flgd. 51, 55 flgd. 59 flgd. 62.
Saforia, Sephoris, Quelle v. 53.
Saladin, Sultan von Syrien u. Aegypten 44, 51—55.
Sales 55.
Salzburg 15.
Samiarden 49.
Sanct Genesius, San Ginesio 33.
Sanguin, Emadeddin Zenki 16.
Saracenen 15, 27, 32.
Sardinien 33, 40, 43.
Sardis, Ardis, Schars 41.
Schauenburg s. Scouwenburg.
Scheyern s. Scirin.
Scheyern, Geschlecht d. v. 30.
Schussen s. Scuzina.
Schwaben, Swevi 19, 29, 31, 35, 40, 43, 45, 47, 54—56, 58 flgd. 62 flgd.
Scirin, Scheyern 18.
Scouwenburg, Schauenburg 23.
Scuzina, Schussen 9.
Selmbach, Sielenbach 11.
Septimer, Septimus Mons 38.
Sicambria 5.
Sicilien, Sicilianer, Siculer 31 flgd. 47 flgd. 56—58.
Sielenbach s. Selmbach.
Sigefrid II., Bischof v. Augsburg 14.
Sindelvingen, Sindelfingen 23.
Sôr s. Tyrus.
Sophia, Gemahlin d. Herzogs Ulrich v. Kärnthen, dann des Herzogs Magnus v. Sachsen 17.
Sophia, Gemahlin d. Herzogs Berthold v. Zäringen, dann des Markgfen Leopold v. Steier 18, 20.
Speyer, Spira 20, 35, 39, 57, 63 flgd.
Spoleto 27, 33 flgd. 40, 43, 53.
Stadel s. Hornem.
Stadin, Stade 2, 10.
Stâlegge, Stahleck 57.
Staufen s. Stouphen.
Steingaden, Steingadem 39—42, 45.
Stouphen, Staufen 21.
Straßburg, Argentina 60.
Sulzbach 18.

Sunno, Herzog d. Franken 6.
Syrien 44, 49.

Tachouwe, Dachau 31.
Tarantaise 60.
Tauginborf, Daugendorf 21.
Theodewin, Cardinalbischof 28.
Theopald d. Aeltere, Diopald Markgf. v. Bohburg 18, 48.
Theopald d. Jüngere, Graf v. Bohburg 18.
Thracien 5.
Thüringen 59, 61.
Tigris, Tygris 50.
Timo, Themo, Erzbischof v. Salzburg 4, 15 flgd.
Tostig, Herzog v. Northumberland 4.
Tounustouphen, Tonustouphen, Donaustauf 22.
Trient, Trident 26 flgd. 34, 38.
Trier, Treviri 61.
Tripolis 51.
Trivels, Trifels 56.
Troja, Trojaner 5 flgd.
Tübingen, Touingin 34—36.
Türken 52.
Turchus, Turcus, König d. Franken 5.
Turin, Taurinum 26.
Tuscien, Tuscier 27, 33, 38, 40, 43, 58 flgd.
Tyberias 52 flgd.
Tyrus, Sór 51.

Ulm 21, 38.
Ulrich v. Weimar, Markgf. v. Krain u. Istrien 17.
Ulrich, Kloster d. heiligen 11.
Ungarn 15, 17, 31, 54.
Ustera, Ufter 2.

Ufter, Geschlecht d. v. 2, 10.
Utingen, Utting 11, 13.

Valeia, Vallei 30.
Valentinian, röm. Kaiser 5.
Vallei s. Valeia.
Verden, Werdona 39.
Verona, Veronesen 12 flgd. 51.
Vidanzhoven, Fidazhofen 41, 45.
Vintschgau, Venusta vallis 11.
Vöhringen s. Feringen.
Voheburch, Foheburc, Vohburg 18.

Walram IV., Herzog v. Limburg 61.
Wandalen 6.
Wartinberg, Wartenberg 23.
Waffenberg 61.
Weiler s. Wilare.
Weingarten s. Winigarten.
Weinsberg s. Winisperch.
Weißenau s. Augia.
Weißenburg s. Wizimburc.
Welfen, Geschlecht d. 1—8, 11.
Welf I., 1, 5, 8.
Welf II., 1—3, 10—13.
Welf III., Herzog v. Kärnthen, Markgf. v. Verona 4, 12 flgd.
Welf IV., als Herzog v. Bayern I. 4, 12—15, 63.
Welf V. als Herzog v. Bayern II. 4, 14—17.
Welf VI. 11, 18, 22—24, 30—35, 37—46, 49, 56, 65 flgd.
Welf VII. 34 flgd. 37—40, 42.
Widergeltdingen, Wiedergeltingen 41.
Wilare, Willare, Weiler 41, 45.
Willare, Pfalzgrafenweiler 37.
Willihelm II., König v. Sicilien 56.
Willihelm III., König v. Sicilien 58.